让花掉的钱
自己流回来

〔日〕大吾（DaiGo）——著　林巍翰——译

北京日报出版社

图书在版编目（CIP）数据

让花掉的钱自己流回来 / (日)大吾著；林巍翰译.
— 北京：北京日报出版社，2023.2
ISBN 978-7-5477-4469-7

Ⅰ.①让… Ⅱ.①大… ②林… Ⅲ.①私人投资 - 通
俗读物 Ⅳ.①F830.59-49

中国国家版本馆CIP数据核字(2023)第007326号

著作权合同登记 图字：01-2022-5738号

让花掉的钱自己流回来

责任编辑：王子红
监　　制：黄　利　万　夏
特约编辑：曹莉丽　鞠媛媛　杨佳怡
营销支持：曹莉丽
版权支持：王秀荣
装帧设计：紫图装帧
出版发行：北京日报出版社
地　　址：北京市东城区东单三条8-16号东方广场东配楼四层
邮　　编：100005
电　　话：发行部：(010) 65255876
　　　　　总编室：(010) 65252135
印　　刷：艺堂印刷（天津）有限公司
经　　销：各地新华书店
版　　次：2023年2月第1版
　　　　　2023年2月第1次印刷
开　　本：880毫米×1230毫米　1/32
印　　张：6.25
字　　数：120千字
定　　价：55.00元

拥有多少钱，最幸福？

亲爱的读者，你现在有金钱上的烦恼吗？

你是否也曾经想过：要是拥有更多能够自由使用的金钱该有多好！

请试着想想看，这笔钱的数目要多少才够用？

缺乏衡量标准，钱再多也难幸福

我曾经读过一则短篇故事：一位身家百亿日元的富翁，因投资不慎，在损失了 99 亿日元之后，选择走上绝路。

你是不是觉得这个故事很讽刺呢？虽然它只是一篇小说，但你还是会发现——明明富翁还剩下 1 亿日元不是吗？这笔钱绝对能让他衣食无缺，甚至可以成为他东山再起的资本。

可是故事里的富翁却因为无法接受失去 99% 的资产的打击，走上不归路，永远放弃了自己从头再来的可能性。

因此我想换个方式再问一次：你认为该有多少可以自由使用的金钱才称得上"足够"呢？100 万日元、1000 万日元、

1 亿日元、10 亿日元，或是更多呢？

这本书希望能将你从金钱的烦恼中解放出来，并将一个极为重要的概念介绍给你——**金钱和幸福的平衡**。

不能把握金钱和幸福之间平衡的人，就算给他 100 万日元、1000 万日元、1 亿日元、10 亿日元，或是更多的财富，他也只能得到短暂的满足。

就算买日本乐透中了 7 亿日元的一等前后赏[1]，只要这笔奖金没有达到自己心中设定的金额，在前方等着的，也可能只有失望。

为什么我敢这么说呢？因为这样的人不懂得如何让自己得到满足。

举例来说，在咖啡店，店员会先确认你想要的咖啡是大杯还是小杯，接着才将你点的咖啡装在大小合适的杯子里端给你享用。

如果今天不管你点了什么，店员端给你的都是装满一大啤酒杯的咖啡，你会做何感想呢？

首先你会产生疑问：店员是否将咖啡送错人了？接着你还

1　译注：日本的乐透彩票共有 6 个号码且有组别编号。假设中头奖的是第一组的 123456 号，在第一组号码之前的 123455 和之后的 123457，就是一等前后赏。

会有以下想法：这么大一杯咖啡，谁喝得完啊，喝不完倒掉不是很浪费吗？

若我们将上述咖啡换成金钱，反应会如何？

假设现在你的账户里有一笔公司红利汇了进来，而且金额比你预期的多出好几倍——大多数人都会觉得自己真是个幸运儿吧。

人们在点咖啡时，会自然地以自己想喝的量选择大、中、小杯，可是许多人却无法将这种观念应用在金钱上。

为什么会这样呢？这是因为每个人虽然都知道自己目前想喝多少咖啡，但在面对金钱时，却会因缺乏衡量标准，不知道拥有多少钱才够自己花。

一个人只要清楚对自己来说多少是适量的，他就能够感受到满足、富裕和幸福。可是很多人在面对金钱时，并不清楚自己真正需要多少，也就是前文提到的，金钱和幸福的平衡。

你知道自己的平衡在哪里吗？

金钱与幸福不平衡，是生活不幸的主要原因

如果你还没有找到自己在金钱与幸福之间的平衡，也不用太担心。只要你懂了这种平衡，不论何时，都能用正确的方式

立刻调整。

目前你所欠缺的只是知识与实践而已。

大部分的人在求学期间，几乎没有时间去了解金钱，就毕业步入社会了。这导致很多人对金钱的取得和使用方法有着相当大的误解，而且对最重要的"金钱和幸福之间的关系"，往往只有模糊的概念。

我已工作多年，依然也和大多数人一样，不知道自己的平衡点在哪里。

我还是大学生时，就已经在电视上表演了，那时周围环境的变化速度相当惊人，邀约如潮水般涌来。我不断地上节目，以魔术师或拥有特异功能之人的身份表演。

一旦节目获得高收视率，我就会被要求做更多讨好观众的表演，而这些演出内容，逐渐偏离了我本来所设定的方向。

尽管如此，我存折上的数字确实是越来越大了。

那笔钱金额之庞大是刚大学毕业一年的社会新人难以想象的。电视台的工作内容越让我感到恶心，我的心思就越往金钱那边倾斜。

我告诉自己："想要赚到这么多钱，就得忍耐。如果到手的演出费用不能和我所做的牺牲成正比，那不就亏大了吗？"当时我将金钱作为衡量一切的标准，故意忽视了因为追逐财富，所招致的种种不幸。

接着我开始得意忘形，过起了一掷千金的生活。

那时在我身边的人，都出手阔绰，一个晚上就可以花掉好几百万日元。曾有一段时间，我享受着那样的生活方式，获得了短暂的满足。现在回想起来，我当时做了许多没有意义的事，**就像点了一杯装在大啤酒杯里的咖啡一样，根本喝不完。**

如果你将自己点的咖啡，从大小适中的杯子倒进另一个巨大杯子里，咖啡的量看起来像是变得很少。如此一来，在你的心里就会产生一种不够的错觉，并因此生出想要更多的念头。

以金钱判断价值、被欲望所驱使的人，就像往自己根本喝不完的大啤酒杯里，不断倒入咖啡一样。不论倒入多少咖啡，永远也没有满足的一天。此时，金钱和幸福便处于极度不平衡的状态。

为什么收入高，也会债台高筑？

据说在日本，有不少年收入达到 800 万日元的家庭，过着入不敷出的生活。

根据日本政府 2015 年的"民间收入实态统计调查"数据，日本人在工作岗位上，工作一整年，平均所得到的年收入为 420

万日元——由此可见，年收入 800 万日元，绝对算得上高收入。

处在这个收入阶层，大多是拥有金钱基础和赚钱能力的人。尽管如此，在这个群体中，还是有不少人面对未来无所适从、内心惴惴不安，甚至出现花费超支的倾向。

为什么会出现这种情况呢？我们可以从**伊斯特林悖论**（Easterlin Paradox）中，发现一些端倪。

伊斯特林悖论是由美国经济学家理查德·伊斯特林（R. Easterlin）所提出的理论。即当人们处于贫穷，收入增加会带来幸福感。然而当年收入达到某个高度之后，就算收入再增加，幸福感也不会有所改变。

这个理论提出之后，美国的丹尼尔·卡内曼（Daniel Kahneman）教授对美国 45 万人进行了一项调查。结果发现，一个人的年收入在超过 7.5 万美元之后，随着收入提高带来的幸福感将停止增加。

由此可知，金钱的多寡和幸福感的关系，在收入达到某个高度后，就不会再相互影响了。

当你的年收入从 300 万日元、400 万日元，逐渐增加到 500 万日元时，随着收入的上涨，可选择的空间也随之增加。此时，你的幸福感自然会大大地提升。你能够进入高级餐厅去消费，去购买昂贵的饰品或衣服，也可以规划一趟梦寐以求的旅程。

然而，当一个人的年收入超过 700 万日元之后，伴随着收入增加而产生的幸福感将开始减少。而那些不清楚多少钱对自己来说才算适量的人，就会找不到能给自己带来幸福感和满足感的花钱方式。

这些人便开始纳闷儿：我这么努力工作，收入也比以前增多了，怎么心里反而感受不到幸福和满足呢？真奇怪！

于是他们为了得到更多的幸福感，开始花大钱购买一些生活中不太需要或根本用不上的奢侈品。

高级轿车、名牌精品、奢华旅程……可以选购的东西目不暇接。然而，因为这些都不是他们内心所追求的正确花钱方式，所以就算花了再多钱，还是无法让自己的心灵得到满足与充实。

于是有人开始把目光投向远远超过自己经济实力所能负担的消费。他们误以为只要花大钱就可以得到幸福，结果，往往适得其反，最后以悲剧收场。

拥有多少钱，才算适量？

大多数人容易陷入"钱越多，越幸福"的误区。可是无论一个人多会赚钱，只要他不知道正确的花钱方式，终究无法得到幸福感。

为了在这个社会生存下去，相信每个人都有自己的生财之道。但这不只是为了让自己过得幸福，更重要的是，找出属于你的金钱使用方式。

能够在金钱和幸福之间取得平衡的人，不仅清楚多少钱对自己来说是适量的，还知道如何赚到这笔钱，并且灵活地运用自身财富。

我曾经公开宣布不再当心理分析师。那时我不但推掉了全部的演出机会，也谢绝了所有来自电视台的节目邀约。结果有一阵子，我的月收入只有 300 万日元。

与之对应，我得到了大量的时间，并且利用这个空当，好好地思考了"自己到底想做什么"以及"喜欢什么"。

然后我发现，追求新知、阅读和拓展自己的视野，是人生中最让我感到快乐，也是最有价值的事情。

我想要的，其实只是一个不愁吃穿、能够遮风避雨的地方，能够泅泳于书海而已——像这样的生活状态，就是我幸福杯子的大小。

如果我将钱主要花在与读书相关之事，那么金钱的支出就会集中在购买书籍、打造一个舒适的阅读环境和创造读书的时间这三件事情上。

我希望能顺从自己的求知欲，买下所有想要阅读的书籍，打造一个不受任何人打扰、能以愉快心情集中精神来读书的环境，然后也拥有自己可以自由使用的时间，来阅读购入的书籍。

当我把钱花在这三件事情上，就觉得自己真是太幸福了。因此只要我赚到能维持如此生活的收入，就可以持续这种让自己感到幸福的状态。

真能这样，我就不会变成一个为钱所苦的人。

换句话说，这种状态就像是往我喜欢的咖啡杯里，倒进八九分满的咖啡量。若用小一号的杯子来装，不但容易溢出来，还不好入口；如果换成过大的杯子，则有可能因为视觉上咖啡量变少，而一杯接一杯地喝，最后甚至导致肠胃不适。

因此，只要不断挖掘自己喜爱的事物，你终会找到属于自己在金钱和幸福之间的平衡。

为了摆脱金钱的烦恼，你首先必须知道多大容量的杯子能让你有满足感，以及在什么样的环境下，你可以获得充实感。

思考与金钱相关的事宜，不但能让你更深刻地认识自己，而且是找出幸福之路的重要过程。

在第一章里，我将指出大多数人在花钱时，容易产生的三个错误认知，同时这也是金钱最易困扰你的地方。如何修正这些错误的认知呢？请听我下面娓娓道来。

目录

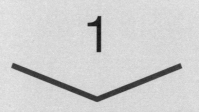

CHAPTER
1

仅靠存钱难有保障，
花错钱更会买贫穷

购物纾压，把消费变成浪费

请想象一下，有一张福泽谕吉 [1] 放在你面前。

如果我对你说："这张 1 万日元的钞票送给你，你想怎么花都可以。条件只有一个，请在 1 小时内花完。"

你会如何使用这 1 万日元呢？

在你想着如何花这笔钱时，我先插个话题——货币真是一种神奇的东西。对于日本年龄较小的孩子来说，拿到 500 日元的硬币当零用钱时，很可能比拿到 1000 日元的纸钞更开心。这或许是因为他们对面额上的数字还没有概念，所以更具实体感的金属货币显得较有吸引力吧——尽管千元钞票的价值，明明是 500 日元硬币的两倍。

钞票不过是一张纸而已。碰到火它会燃烧，风一吹就不知道飘到哪里去了，碰上这种意外，原本在你手上 1 万日元的价值瞬间就会灰飞烟灭。

---

1 译注：1 万日元纸钞上的人物肖像。福泽谕吉（1835—1901）是活跃于日本明治时代的启蒙思想家、教育家。

像纸钞这种不稳定的物品，之所以能够成为货币流通，是因为大家都认可它的价值。

言归正传，现在你手上有一张 1 万日元的钞票，你想去哪里，并且怎么利用这笔钱呢？

"品尝一顿美味的大餐"听起来是个不错的选择。如果将 1 万日元拿去享用下午茶，选项会多到令你眼花缭乱。

有些人或许会用这笔意外之财去投注站买彩票。虽然中大乐透头奖的概率不高，但只要成功一次，得到的报酬何止百倍千倍。当然，用这笔钱添购一些在个人兴趣爱好上会使用的工具也是选项之一。总之，使用方法不限。你甚至可以用这笔钱请人到家里打扫卫生，然后尽情地利用这段空闲时间。

如果是我，一定二话不说直接走进大型书店里。在日本，1 万日元大概可以购买 2 ～ 3 本心理学相关专业的书籍或外文书。加上挑选书籍时的快乐心情，花掉这 1 万日元的整个 1 小时，对我来说都是非常有价值的。

当我回家仔细阅读完这些书之后，书中的知识会进入脑海中。我会将值得参考的内容转化为实际行动，创造出超过 1 万日元的利益。

若是将这笔钱投入彩票或牌桌上，想要从中获得超过 1 万日元报酬的可能性，应该是微乎其微的。享受美食固然也是很棒的体验，但如果你不是一名专业厨师，恐怕很难将餐桌上的美好体验活用在自己的生活中。

如果你选择把钱花在请清洁人员到家里帮忙打扫卫生，只要好好利用这些多出来的自由时间，那么在将来，因这段时间所产生出的回馈，同样值得期待。

总结上文，我们大致可以把花钱的方法分为两种类型：一种是获得短暂欢愉的单纯消费；另一种是将来有可能以收入的形式再回来的投资。

你花钱是投资还是消费？

在本章开头，你脑海中浮现的 1 万日元使用方法，属于上述哪一种花钱的类型呢？

能够挣脱金钱枷锁的自由人，其花钱的方法多是**让花出去的钱，以增值的方式回到自己身上**。如果把钱花在只有当下能享受的商品或服务上，不是一种有价值的消费行为，而是一种浪费行为。相反地，如果把钱以"未来可能以金钱的形式回报到自己身上"的方式去花费，就是一种**投资**。

了解这两种花钱方式的差异后，下次当你打开皮包准备掏钱时，请先想一下是用在哪里的——有意识地检视自己，这件事相当重要。

耐人寻味的是，越是知道如何赚钱的人，往往越不清楚这两种花钱方式的差异，他们喜欢高消费带来的痛快感，更因此使得自己的行为受到心情影响，而不知道如何正确使用金钱。

回想起我刚参加工作时，经常在电视节目上表演的那段时日——工作行程满档，演出内容经常违背自己的心意，累积的压力让自己都快喘不过气来了。虽然收入不断增加，我却不知道该怎么正确地使用这些钱。

尽管买了一堆书，但没有时间好好吸收消化。书架上的书越积越多，我为了眼不见为净，连家都不回了，于是与通过电视台结识的来自各行各业的朋友们，尽情享受起都市的夜生活。

这样，我结交了许多有钱人，他们是 IT 界的成功人士、金融界的股市操盘手和房地产行业的年轻老板。这些人很熟悉赚钱的方法，每个月都能赚进数百万甚至千万日元。

他们通过周密的经营策略、有效率的工作方式，驱动着大型的经济活动，那是刚离开大学校园的我所无法想象的世界。

可是这些商界的风云人物到了夜里，却可以在一个晚上毫无规划地花掉 500 万日元。这笔钱既不是用在某个纪念活动，也不是投资于一场和接下来生意相关的晚宴，而是单纯为了得到快乐所做的浪费行为。

花钱是坏事，真的吗？

他们花自己的钱，本来我是不好说三道四的。可是当我目睹了这种花钱的方式后，心中还是生出了许多疑惑——为什么这些人的形象在白天和晚上会有这么大的差异呢？他们赚钱和花钱的方法大相径庭，难不成是只懂得赚钱却不知道如何花钱吗？

其实这和注意力的源头——**意志力**（Willpower）有着密不可分的关系。人的意志力其实是有限的，当人们在日常生活中使用意志力，它就会不断地减少。

我想这些叱咤商场的人，由于在工作时淋漓尽致地展现了商业手段，把意志力都消耗光了。所以下班后，对于诱惑的抵抗力就降低了，只能做出带有刺激性的判断。同时，身上有钱也让他们感到精力充沛。所以他们可以在一个晚上，毫无规划地花掉 500 万日元，这种行为说是浪费并不为过。

当然，有能力做出这种消费行为的人，在社会上并不多见。然而，这种消费的运作模式，在一般人的身上也随处可见。

- 和朋友喝完酒后，虽然肚子不是很饿，还是去吃了一碗拉面。

- 忙完一项任务后，当天夜里，一时冲动就在网上买下了昂贵的东西来犒赏自己。

- 和朋友一起去逛商场，因为"便宜""今天不买就亏大了"等理由，买下一堆本来没打算买的东西。
- 虽然还在减肥，却突然失心疯似的狂吃高卡路里的蛋糕。

日常生活中，这种**奖励消费**所花费的金额多寡虽然因人而异，但不论花了多少，都是一种无法和未来产生联结的用钱方式。

因此，社会上一般都不鼓励这种奖励消费模式，并且为了防止这种浪费，便有了"钱要省着花""从年轻时就要开始存钱"等，这些坊间说法。不知道从什么时候起，花钱是坏事这种观念逐渐深植人心。

这种观念束缚着人们的想法，其实是对金钱的一大误解。

如果你脑海中有"花钱是坏事"这样的想法，它将会让你失去深度思考"如何使用金钱"的机会，然后你只会一门心思想着：如何努力赚钱并存钱？

虽然这不是一件坏事，但希望你了解，**大部分人抗压能力还是比较弱的**。若如此压抑自己，一旦到了某个临界点，人们还是会挣脱"花钱是坏事"这样的束缚，通过消费来缓解自身的压力。

因此，就算你再怎么认真钻研赚钱的方法，只要不懂正确地使用金钱，焦躁不安日积月累堆积在心里，仍会重复以浪费的方式来缓解，这会让你始终留不住财富。

了解上述两种错误用钱的方式真的很重要，我认为每当你在花钱时，都应该意识到这是不是对自己的投资，并且多学习使用金钱的方法。如此一来，才能"越用钱，越有钱"。

选择与集中，让花钱变投资

当然我们也不可能将所有的金钱全用于投资自己。所以，**选择与集中**便是关键。

哪里值得投入资金？应该留心哪一种用钱的方法，才能养成投资习惯？哪种花费模式有比较高的可能性，能让今天花出去的钱，在未来连本带利地再回到自己手中呢？

当你开始思考上面这些问题时，首先应该想到"选择与集中"。

其实，上面这些问题的答案，都在我们过去的生活经验中。请回想一下在你过去的人生里，有哪些是你曾经全身心投入的兴趣爱好、运动或是工作？

以我自身为例，从几年前开始，去健身房锻炼身体已经成为我日常生活中不可或缺的一部分。到健身房锻炼的成果，用眼睛就能看出来，而且具有目的性的锻炼方式正合我的胃口。在踏入健身房之前，我是一个很讨厌运动的人，可是现在我每天都得活动一下筋骨才行。

当你发现了感兴趣的事物后，不用其他人来告诉你"做这件事有什么好处"，你自己就会主动去探究与学习。

例如，我知道从某个角度举起特定重量的杠铃时，会对哪个部位的肌肉造成负荷，因此能达到锻炼的目的。如此通过自己的亲身体验，持续进行锻炼所得到的效果，远比那些爱运动却不喜欢进健身房的人来得快速而且显著，就会让你持续下去的热情得以提高。

对于刚接触高尔夫球不久的上班族来说，有人只打完一场，就爱上了这项运动；有人则一边挥杆，一边偷瞄上司，恨不得赶快结束这件苦差事。这两种人日后在高尔夫球技的成长速度上，肯定会有明显的差距。

喜欢打高尔夫球的人，会在练习时于脑海中模拟真实场地的情景，并思考、尝试、修正自己的动作，好让球技更上一层楼。

简而言之，如果能用相同的成本，争取到更多的学习和体验机会，将来这些回馈也都会回到自己的身上。

上述思考方式，同样也适用于金钱的使用。

现在你所花出去的金钱，将来能不能连本带利地回到自己身上，其关键就在于——你是否把钱花在了**自己的兴趣**上。

对于自己喜欢的事物，同样是花费 1 万日元，你会比其他人更主动去学习，以提高自己的技术含量。这样的付出，在将来为你带来好处的可能性就会大大地提高。

因此，**请不要吝惜将金钱投入自己喜欢、擅长和打从心底想要去做的事上**。从其他人的角度来看，或许你的用钱方式对他们来说只是一种无谓的支出或浪费，可是你会在这个过程中，累积到知识与经验这两项财富。而这样的投资，将来肯定不会亏待你。

然而，无法将这两种用钱方法分开来思考的人，可能只会节俭度日，以避免把钱花在没有意义的事物上。在他们的价值观里，把钱存起来才是最正确的选项。

我不否定这种想法。减少没意义的支出，让自己手里有一笔资金也很重要。可更重要的是，有了这笔资金后，该怎么使用。**只是毫无目的地存钱，也是一件没有意义的事**。

好不容易攒下来的钱，就应该应用在自己最需要的地方。请设定一个范围，把资金集中到自己所选择的特定领域内。如果是为了存到这笔资金而省吃俭用，那就应该让这笔钱发挥其最大的作用。

在使用 1 万日元时，有些人想着如何让这笔钱与将来的 10 万、20 万日元联结；有些人则只是享受花掉这 1 万日元所带来的快感而已。

能否将钞票从"一张纸"，变成"一张有价值的纸"，全看你如何使用它。

POINT

■ 花钱时，应该将消费、浪费和投资分开来思考。

■ 放下"花钱是坏事"这种想法，学习如何让花出去的钱，连本带利地再回到自己身上。

■ 利用选择与集中，毫无保留地把钱用在喜欢的事情上。

储蓄真的能带来保障吗？

据说日本人是世界上最喜欢存钱的人。

虽然日本人这么喜欢储蓄，可是诸多民意调查都显示，仍有许多日本人，依然对未来感到不安。

根据东京之星银行（東京スター銀行）以商业界人士为对象做的"储蓄问卷调查"显示，有八成日本人认为：储蓄并非有明确目的或用途，而是为了以防万一。更有约四成的受访者表示：没有特定的人生规划。

从上面的调查结果我们可以发现，日本人在使用金钱时往往没有经过深思熟虑，只是习惯性地把钱存进银行罢了。

然而，一个人如果没有自己的人生规划，就像手上没有地图，却抱着保险箱在旅行一样。

不可否认，储蓄的确能为心理状态带来某些正面的影响。

不只是存折里庞大的数字能带给人足够的信心，若还拥有黄金、名车、不动产……更能让一个人在举手投足之间散发出自信，甚至还会因此改变思考和行动的方式。

我认为，一个人能否受到异性青睐，其关键并非长相、学历和赚钱能力，而在于有没有自信。如果对自己没有信心，就没有勇气直视对方的双眼，将"我好喜欢你""请和我交往"等想法传达给中意的人。

而且，每当要说些重要事情时，眼神就会飘忽不定，陷入"自己做什么都不行"的自我厌恶中，连和对方说出自己的想法都吞吞吐吐。

不只如此，没有自信还会对思考力和行动力带来负面影响。然而，一旦有机会重拾信心，人们就能自然地说出自己的心意了。

拥有一定的资产，确实是让人恢复自信最快的方式。

换句话说，你的存折里有钱，还是能够创造一些优势的。可是当我们所追求的是金钱和幸福之间的平衡时，一味地存钱，反而无法带来加分效果。

储蓄就能带来自信？

当银行账户里的存款不断增加，任何人都会在不知不觉中提升自信。

虽然也有人能通过冥想等方式来调整自己的精神状态，可是要达到拥有自信的程度，还是要花一段时间的；然而，如果换成是看得见的资产，马上就能成为你的精神支柱，让你昂首阔步。

只是，这里有件事一定要提醒你，那就是**外在物质带来的自信，充其量只能让你"狐假虎威"而已。**

因为当你所拥有的资产成了你的靠山，你可能会陷入依赖资产的状态，从而变成金钱的奴隶。为了不让自己赚到的钱流入他人手中，你将会不断把钱送进自己的账户中以守护自身地位，并厌恶一切可能的变化。

就像不少人在入冬之后，体内激素紊乱，身体活力渐失。有一种说法是，日照时间变短，人体内血清素减少所引发的这种现象。

然而血清素不足的问题，其实可以靠跑步等适当运动来解决。换句话说，想要恢复身体的活力，明明通过运动就可以，可是冬天偏偏是人们最不想起身运动的季节。

我想说的是，当人们一旦养成某种习惯，并从中得到满足后，就害怕往前踏出新的一步。

储蓄也是一样，当你的存款达到100万、300万日元等一定额度的数字之后，相信你就会开始想方设法，不让这个数字降下去，并且在无意识间限制自己不要去花钱消费。

事实上，想要真正获得自信，就有必要主动采取行动，并且不断累积新的体验。不管成功也好，失败也罢，亲身去体验在自己动起来之后所产生的结果，都是人生不可或缺的一环。

而想要让到手的资产真正成为自己的东西，就得进行**自我投资**。那些经过一番周折后产生的自信，不会随着你资产的减少或丧失而消失。它是任何人都无法剥夺的能力——唯有**能力**才是自信的源泉。

一毛不拔，最糟蹋金钱

假设现在有一位你从学生时代开始就一直十分喜欢的国外歌手要来到你所在的城市开演唱会，你用尽了各种方法，终于有人愿意将开卖后立刻被秒杀抢光的门票转让给你。由于这张门票是 VIP（贵宾）席位，一张要价高达 50 万日元——那是只要你愿意拿出部分存款，依旧买得起的金额。

如果这是一场你不去看就会遗憾终生的表演，那么花钱购买一张 50 万日元的门票就不算是浪费的行为，而是一种对自己未来的投资。

现在问题来了，你究竟愿不愿意把存款取出来去购买这张门票，享受一场自己长久以来梦寐以求的现场演唱会呢？你的选择将是你人生的重要分水岭。

在演唱会开始之前，这张门票只不过是普通的纸片罢了。直到演唱会当天，你带着这张票进入会场时，才能展现出它的价值。

钱也是一样。在用掉之前，如果我们不思考选择与集中，而是直接把它们存进银行账户里，那就只是让数字罗列在自己的存折上罢了。虽然你在心里万分渴望去听这场演唱会，可是却盼着还有下一次机会，结果可能就这么错过了一期一会[1]的演出而抱憾终生。

钱应该在**正确的时间点**上使用。抓住这个机会，在你的人生中将会创造出比存起这笔钱更大的价值。

再没有比一毛不拔，像个守财奴一样不去使用金钱更糟蹋钱的了。

可是大多数的日本人往往被储蓄的常识所缚，守着自己的银行存款走向人生终点。根据旭化成集团（Asahi Kasei Homes）于 2013 年所做的调查显示，在日本，65 岁以上老人拥有的资产总额，平均为 4700 万日元。

其中，土地和建筑物的平均金额约为 3000 万日元；存款和股票等金融资产及人寿保险的平均金额约为 1700 万日元。

---

1 译注：源于日本茶道的成语，衍生意指一生一次的机会，应当珍惜。

我想其中大部分的情况都不会是——我并没有特别存钱，该用钱的地方都没少花，只是刚好留下了这笔钱而已。相反，绝大多数的人可能是，这些都是我生活中一点一滴，省吃俭用所攒下的积蓄。

你是否也舍不得把钱花在想做的事情上，于是压抑自己的内心，把钱存到银行里去呢？

这种绝大多数人的生活模式，真的是你想追求的生活状态吗？

我真心觉得这样实在是太可惜了。我认为忍耐其实应该是为了达到某种目的所做的事。例如，想要减肥的人，通过控制食量让自己瘦下来，以达到心目中理想的身材。

如果你的节衣缩食，只为了储蓄而储蓄，那只是让你守着一笔钱，不会带来任何好处，那么，**你究竟是为了什么而委屈自己呢？**

如果将这 1700 万日元用在正确的时间点，让自己和家人过得更加幸福，我相信当你走到人生的终点时，所看见的风景一定会完全不同。

与其存钱，你更应该存下努力

假设你现在每个月都做定期存款，我想你的目的是希望手里的钱能够增加一些吧。可是你知道吗？这个行为反而有可能成为你将来增加收入的绊脚石。

"我存钱的目的是要出国留学。"

"我是为了筹备自己开店的预备金才存钱的。"

排除上面这些目标清晰、为了个人将来努力存钱的人不谈，我认为**"为了储蓄而储蓄"并没有任何意义**。

如果一有钱就存进银行，还不如把这笔钱拿来用更实际。话虽如此，我并不是让读者们像无头苍蝇一样盲目地花钱。

为明确计划而做的储蓄，是一种能在将来得到回报的用钱方式。如果你只是茫然地把钱存进银行里，储蓄本身可能会变成你生活的其中一环或目的，如此一来，你就失去了其他的可能性。

上面我提到的可能性，并非指大赚一笔的机会，而是关乎你个人的自我成长。为了能在将来获得成功、得到理想收入，你必须**投资自己**不可。

特别是对二十到三十几岁的年轻人而言，比起存钱，更重要的应该是把钱使用在积累自身经验、体验和学习上。如此一来，才能让自己茁壮地成长，将来的投资回报率才非常可观。

因此，不要老想着该如何把钱省下来拿去储蓄，而应该为了自己的成长，学会思考**钱要花在哪里**。

假设你现在是一名月收入 20 万日元（约合人民币 9700 元），每年可以拿到 100 万日元奖金的年轻职员，就算你勤俭持家，在日本生活一年能够存下来的钱也是有限的。

那么究竟该如何投资自己，才能让好几年一成不变的薪资，上涨到月薪 30 万甚至 50 万日元呢？

其实很简单，就是要认真地研究，找出当下对自己最有帮助的用钱方式，以期将来的丰硕回报。

请抛弃到现在为止，想方设法增加自己存款的想法吧。**该存下来的不是钱，而是你的努力。**

唯有把钱投资在自己或其他人身上，才有可能获利。只把辛苦赚到的钱储蓄起来，这种行为是无法攒下超过你目前收入的钱的。而且这么做，还会让你失去自我成长的机会。

因此，钱应该投资在自己的身上，把钱花在和自我成长相互关联的努力中才是正确的选择。

POINT

■ 银行存款无法为你带来真正的自信，请把钱花在自我投资上。

■ 遇到正确时间点，花钱绝对别犹豫。

■ 对二十到三十几岁的年轻人来说，累积经验比存钱更重要，请花钱学习。

舍不得用钱?
"金钱螺旋"让你越花钱越多

对金钱的第三个误解，就是"钱只会越花越少"这个想法。

前面我已经和你分享了"花钱重在选择与集中"和"为存钱而存钱毫无意义"这两件事，在本章的最后，我想给你介绍"金钱螺旋"这个概念。

所谓"金钱螺旋"，简单来说，指的是选出自己喜欢的事物，把钱集中投入这件事情上，以此磨炼谋生技能与赚钱能力，然后使其成果反映在收入增长上。

话虽如此，那些囿于一般金钱常识的人或许会嗤之以鼻地认为：哪有那么好的事！

他们不知道，能够在金钱和幸福之间建立稳定平衡、过着人人称羡生活的人，大多数都是在这个螺旋的延长线上站稳脚跟的。

金钱螺旋是"当你把钱投资在喜欢的事物（兴趣）上之后，钱就会为你生财"的机制。它的详细运作原理请参考 P.23 的图。

当手里有钱之后，把它用在自身兴趣（A）上。把金钱和时间投入自己感兴趣的事物上，除了可以获得该领域的知识，还能提高自己的专业能力，如此一来，便能进一步和自己的工作（B）产生联结。当你的工作能力在职场中无可取代时，你就会得到远远高于想象的收入（C）。

只要能连成金钱→兴趣→工作→金钱，如此顺着箭头绕一圈，你初步的金钱螺旋就完成了。

在此要特别提醒的是，这个螺旋并不是一次性的。通过螺旋所得到的金钱，应该再一次投入感兴趣的事物（A）中去。

由于再次投入的金额比之前更多，你便可以尽情地沉浸在自己的兴趣之中，并从这个过程中获得知识和能力的进一步提升。

如此一来，交派给你的新工作（B），难度和之前相比自然会有所提升，工作完成后所得到的报酬也会跟着水涨船高。如果接着再把到手的这笔钱（C）继续投入兴趣的话……

以上就是通过金钱、兴趣、工作所形成的无限螺旋。

金钱螺旋一经驱动，你的收入一定会逐渐增加，自然而然你就不必再为家庭的"开门七件事"操心了。只要不断将收入投入自己感兴趣的事物中去，你就能从此过上幸福的生活。

创造财富的金钱螺旋

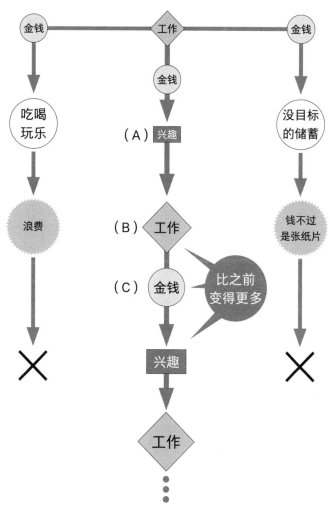

让工作、金钱、兴趣形成一个无限螺旋

为兴趣冒险，开创你的成功之道

人生如果只有赚钱和花钱，是不会产生幸福感的。如果你去问那些亿万富翁："你是为了什么而赚钱的呢？"可能很多人的答案里会出现"想要过自由的生活""不想看别人脸色度日"之类的内容。

赚钱的目的不是为了存钱，而是想让自己活得更自由，因为钱就是拿来花的——其实我很能理解这种心情。

我在大学时期曾经研究过应用在人工智能（AI）上的材料。在研究过程中，遇到了心理咨询与分析，最后让当时还是大学生的我，以心理分析师之姿在电视台节目上亮相。从那时起直到今天，心理分析师仍然是我的职业。

那时，以心理分析师的身份在电视上表演节目，在日本还未盛行。而在电视圈里，一个流行现象的周期往往非常短暂，我的表演很有可能被当成用完就丢掉的一次性消耗品。

但是我仍选择相信自己喜欢的事物，继续坚持走在心理分析师这条道路上。虽然现在身边的人都觉得我的事业挺成功，但每当我回头检视过去，仍然会为当时那个高风险的选择大捏一把冷汗。

当我鼓起勇气把金钱投资在自己的兴趣爱好上之后，得到了更多知识，于是我运用这些知识获得了更多的金钱，并再次投入兴趣爱好中去。不知不觉间，前方的路就越走越宽了——关于这段经历，我在第二章会再度详述。后来，我对上电视节目演出感到倦怠，因为我真正意识到自己喜欢的事物是书本和阅读。

于是我开始改变，去创造前文所提的金钱螺旋。简单来说，就是做以下这些事情：

- 做自己喜欢的事，并持续下去。
- 认真投入兴趣中，让它能够带来收入。
- 通过自身兴趣所得到的报酬，不要用在没有意义（与自身兴趣不相关）的地方。
- 把赚到的钱再投资到自己喜欢的事物上，可以磨炼技能，为"薪资行情"加分。

技术再内化，让财产取之不尽

通过从事自己喜欢的事务所获得的经验和内化在身上的技术，是任何人都拿不走的。就算长时间不用，其价值也不会有所减损。

因此，越是去转动金钱螺旋，你所得到的机会就越多。然而在现实中，有些人也会选择中途退出。

就拿专业运动员的例子来说吧。在日本，要成为一名职业棒球选手，需要通过选拔。这些能够受到球队青睐的选手，无不兼具了才华，付出了不懈努力，他们都是球场上顶尖的佼佼者。

这些职业棒球选手就是曾经把心力投注在自己喜欢的事情上，并不断对经验和技术进行再投资的一批人。他们投注在球场上的金钱，最后换来了自己的优异表现，从此，职业棒球便是他们赚钱的方式。

然而，同样身为职业棒球选手，有些人会在职业生涯中陷入自我成长的困境；有些人则能够连续好几次，签下高达数亿日元的合约。

说到棒球，虽然我只是个门外汉，但我相信，那些同样因成绩突出被选进球队的选手，他们在棒球上的才华差距应该不大。

然而为什么进入职业球队之后，选手们的表现会出现这么大的差异呢？我认为关键在于，他们是否能够持续对自己的兴趣进行再投资。脱离高中棒球球队，进入领薪水的职业棒球世界后，选手们是否还会把赚到的钱，拿来再投资于自己喜欢的棒球运动，将成为之后职业生涯成功与否的分水岭。

那些长年留在棒球场上发光发热的选手，会聘请专属教练和营养师，努力让自己的体能维持在最佳状态。

相反地，有些年轻选手在拿到高额签约金之后，就开始过起花天酒地的生活，如此一来，技术当然不会有大的进步。

某些一流的职业棒球选手，尽管给人放浪不羁的形象，但他们在享乐之余，并没有忘记对自己的专业进行再投资。

迈克尔·桑德尔（Michael Sandel）[1] 教授在他颇受好评的授课中，曾经说过大意如下的一句话：**"所谓自由，就是遵循自己的法则采取行动，换句话说，就是自律。"**

同样，我也不认同"自由"意味着"想做什么就做什么"，而是每个人都应该"选择去过自己想过的人生"。我们需要去赚取一定数额的金钱，它是我们实现理想人生的一种工具。

我想，人生最重要的目的不在于赚得比别人多，过多么享受、多么奢华的生活，或是把更多的钱存进银行里，而是可以去做自己喜欢的事，无悔地度过这一生吧？

让获利源源不绝的兴趣投资

大多数人容易有这样的误区——为了多赚或多存一点钱，

1　译注：美国著名政治学者、哈佛大学教授。在哈佛大学开设有"讨论正义"的通识课程，多年来受到哈佛大学学生的喜爱，历届选课人数已超万人。

必须牺牲自己的兴趣爱好才行。

或者会认为：没有任何工作是轻松的，如果想赚钱，就要忍耐，就算是不想做的事也得去做。所以如果想要存钱，还得要牺牲一下。

其实，真正的情况正好相反。

请不要忍耐，干脆地把钱投入自己的兴趣之中吧！如此一来，花出去的钱"携家带眷"回到你身边的概率反而更高。

当然，也有部分人会选择吃苦耐劳的赚钱方式，并且固定地把钱存到银行账户里。这种生活方式或许在某个层面上，也可以说是成功的。只不过，这种做法有其成长界限。

为什么这么说呢？因为真正的成功人士，每一位都是打从心底乐于工作的。

把全身心的精力都投入自己喜欢的事物中去，然后从工作中赚取应得的报酬（金钱），就可以自然地让成功持续下去。

"你想做自己喜欢的事，在享受工作乐趣的同时赚到钱，虽然能赚到钱，但会做得很辛苦，选择哪一种？"我想谁都会选择前者吧。

找到自己喜欢的事物，磨炼技能，然后用它来帮自己创造财富；将得到的收入进行再投资，进一步深化自己的兴趣爱好，这便是我们所期待形成的金钱螺旋。

　　为了进入金钱螺旋，首先我们必须知道什么是正确的用钱方法，改变目前你每天习惯的花钱方式；接着再次确认自己喜欢的事物。

　　在接下来的第二章里，我会和你分享，如何找到并确认你心中"有潜力兴趣"的方法。而后，我则以自身"如何利用喜欢的事物，创造获利机会"为例作说明，为你介绍具体实践的方法。

POINT

■ 不要为了省钱和存钱，放弃自己的兴趣爱好。

■ 赚钱不是为了存钱，而是要用它来让自己过上自由的生活。

■ 打造金钱、兴趣、工作不断循环的无限螺旋，让自己不再为钱所苦。

专栏

双曲贴现，引人深陷诱惑的恶因

人类普遍有一种倾向，认为在时间和空间上比较靠近自己的事物有较高的价值，因此想要获得它。

这种倾向被称为**双曲贴现**（Hyperbolic Discounting），借用行动经济学理论的话来说就是，人们宁愿要金额较小的眼前酬劳，也不要金额较大的日后报酬，这是人类心智的运作方式。

例如，有些正在减肥中的人，之所以会受不了眼前甜点的诱惑，是因为在那个当下，他觉得摆在面前的蛋糕，比三个月后纤秾合度的体态来得更有价值。

不管任何时代，总是有人只为了追求眼前利益，成为骗子们的俎上之肉。这些都是双曲贴现活生生的实例。

若今天给你两个选项，一是现在立刻给你 1 万日元；二是下个星期给你 1.5 万日元，你会选择哪一个呢？

虽然从经济合理性的角度来看，正确的选择应该偏向后者，可是大部分的受访者，选择的都是前者。你可能会纳闷儿，难道大家都不明白这个道理吗？然而究其原因，双曲贴现原理的解释是人们内心容易认为"距离自己较近的事物"有比较高的价值。

　　这种心智的运作，有时便会成为我们对喜欢之事物与擅长之事物进行选择和集中时的障碍。因为当我们把钱投入喜欢的事物上，开始要转动金钱螺旋时，也可能有另外一件事同时发生。

　　要知道，知识、信息、技术和人际网络等的形成，都绝非花钱就可以在一朝一夕间完成的事，当你能够深切感受到"自己在特定领域上的知识和技能，确实获得了长足的进步"时，通常已经是投入一两年之后，甚至更久后的事情了。

　　如果当下，在你的面前出现了可以让自己立即获得喜乐或欢愉的事物，有多少人真的能经受住诱惑呢？

　　普遍来说，想必是花钱买享受比较吸引人吧。比起远在天边的成果，人们更容易败在眼前欲望的引诱下。

　　想要远离危险的双曲贴现心理，就必须先了解它的运作方式，并养成不断地去确认自己的所作所为，看是否又落入"短视近利"陷阱的习惯。另外还有一点很重要，就是要以长期的视野来检视，什么对自己来说才是最重要的事。

心流体验，启动
金钱螺旋的密钥

兴趣联动收入，迈出金钱螺旋第一步

若想把钱花在自己的兴趣上，首先你必须要知道什么才是真正值得自己投资、打从心底喜欢的事物。我们究竟该怎么做，才能找到打从心底喜欢的事物呢？

接下来我就以自身经历为例，分享我是如何发现它的。

从小我就喜欢阅读。由于祖父母都是爱书成痴的人，我家堆满了各种文学、哲学类的书籍，说我是在书盈四壁的环境中长大的也不为过。或许正因为在这样的环境熏陶中成长，我会喜欢上阅读只是一种人生的必然。

然而，直到几年前，我才真正意识到自己喜欢书本和阅读，而且想要尽可能利用有限的金钱和时间，通过阅读来获取知识。

于是我曾公开发表过"心理分析师引退宣言"。

过去我以心理分析师的身份，在电视台表演节目时，总被密集的行程追着跑，经常连好好睡一觉的时间都没有。因为需要不停地演出，每天压力非常大。

这样的生活持续了一段时间后，我开始质疑自己究竟是为了什么而上节目，也搞不清楚什么才是自己真正想做的事情。

虽然我是能解读别人内心、进行诱导的心理分析师，但却无法掌控自己的内心。

当压垮骆驼的最后一根稻草出现时，内心早已千疮百孔的我毅然选择退出"江湖"，过起"隐居"的生活。

做了这个选择之后，我开始过起和之前截然不同的日子。在电视台工作时，身边总是簇拥着一群人，如今他们的身影一个也见不着。我的工作量随之骤减，曾经有一个月完全没有任何邀约。

突然多出了这么多时间，我不由得开始认真思考：什么才是自己最想做的事？做什么才能让自己打从心底感到高兴？

在我左思右想后，得到的答案只有一个——读书。因为读书时才是我觉得最幸福的时刻。

如何用兴趣创造收益？

找到最幸福的事之后，我进一步修正了自己的生活方式，开始把"读书→获取知识"当成生活的重心。选择工作时，我也把重心移到能够灵活运用我最喜欢的那些书籍和知识的事情上。

那个时期的我，谢绝了大部分电视节目的表演，开始在公司或企业里担任顾问、讲座讲师，偶尔也会写些文章，或在Niconico 动画网站上，制作"公开解说心理学"的短片。

分享从阅读中得到的知识，成为我工作的重心。

目前我偶尔还是会答应上一些电视节目，但前提是，这些演出的内容都是我真正喜欢、能够为我加分，而且不会引起争议的。

书本和知识是我的至爱。

当我从心理学、脑科学和行动经济学中，学习到关于人类心理、生理及行动的知识时，总能感受到强烈的喜悦。

时间充裕的时候，我会利用速读法在一天之内读完多本书，然后天天都上网买书。频率之高，甚至让我和快递小哥都成了好朋友。

每天除了读书，剩下的时间我会和家里的猫一起玩耍，然后上健身房锻炼身体。对我来说，能过上这样的生活，我已是夫复何求了。

就这样，在人生的某一个时间点，我把身上所能使用的资金尽可能投入知识中去。不久之后，这些知识便开始为我创造出金钱的实质收益。

例如，我目前在 Niconico 动画网站中，有一个付费会员可以收看的节目。在这个节目里，我把自己从书中汲取到的知识加以整理后分享给观众。

把学习到的知识进行整理后，让它内化为自己的东西，这件事其实我平时就在做，并不是为了 Niconico 动画网站而刻意为之。只是刚好有一个机会，让我开始尝试在这个网络平台上公开视频而已。

令人感到意外的是，我在节目中分享的理论、知识，得到许多用户的好评，而我在节目中提到的书籍，更是每本都销售量激增。

因此，我制作的视频，订阅会员人数以每个月 20% 左右的速度增加，在短短 11 个月内，我成为"Niconico 频道"的风云人物，名列收费会员人物的前 30 名。

从这个网站中得到的收入十分丰厚，它让我在为了获取新知，买了一大堆昂贵的书籍之后，手头还算相当宽裕。其实我除了购买书本之外，没有想过要过多么奢华的生活，所以钱也自然地不断累积了起来。

从我的例子可以看到——把金钱投资在"知识"这件我"真正的兴趣"上后，知识为我带来的回报远远超过当初我所投入的金额。

锁定金钱和时间的使用方法

最近，一些不同行业的经营者纷纷来找我谈合作。

例如 Genesis Healthcare 这家股份有限公司，便请我以顾问身份，协助他们开发产品与拟定策略。这家公司开发的自我分析基因仪器 GeneLife Myself，可以通过从唾液中采集到的基因，分析检测者的性格和心理状态。

IGNIS 股份有限公司则开发出一种称作"With"的算法，用来帮助用户找到个性与自己相符的另一半。

还有一些公司找我担任顾问，希望我利用心理学技巧，让他们的顾客成为其产品的忠实粉丝。曾经钻研过心理学的这个经历，甚至还让我当上新潟康复大学（リハビリテーション大学）的特任教授。授课之余，我也会针对学校的科系设立和宣传建言。

为什么这些公司和教育机构会找上我呢？

因为我身上有他们想要的知识。说得更精确一点，他们看上的是我能将这些独立知识加以整合，然后进行实际应用的能力。这就是我在他们眼中有价值之处。

一直以来我都很喜欢阅读，知道"自己能够掌握的，只有知识而已"。因此，当我决定"尽可能将有限的时间和金钱投入其中"之后，眼前的道路反而越走越宽。

若你想要彻底改变人生，就应该毫无保留地将金钱和时间都投入你所做的选择和集中里。如果我的知识"一瓶子不满，半瓶子晃荡"，我想就不会有人来找我谈合作了。

确认喜欢等级，找到赚钱王牌

找到自己的兴趣（**选择**），将钱投入其中（**集中**），这样金钱螺旋才算真正开始转动起来。

对我而言，当然是书本和知识了。

可是在现实生活中，许多人连踏出第一步都有困难，因为他们并不清楚自己的兴趣是什么，而大多数人则困在寻寻觅觅的过程中。

本书到目前为止，我的预设是以"每一位读者都知道自己的兴趣是什么"为前提，所以才会不断强调"把钱花在自身兴趣上"。实际上，不清楚自己到底喜欢什么，依旧安然度日的人占了绝大多数。

其实要找出自己的兴趣，并非一项简单的任务。

这里首先要来导正一下视听，本书中所谓的喜欢，并非我喜欢吃拉面、我喜欢宅在家里、我喜欢长得可爱的孩子这种浅层次的喜欢。而是就算花一辈子的时间在这件事情上也不会感到厌倦，就算全天下的人都反对我或笑我傻，我还是不会改变初衷；就算必须投入所有的资产，我还是想要得到它……这种等级的喜欢。

正因为这是你最感兴趣的事物，所以你愿意不惜一切代价、全心全力地投入它。

各位亲爱的读者，到目前为止，你是否拥有像上述那般明确的兴趣呢？如果答案是斩钉截铁的"有"，别客气，你可以立刻跳过第二章的内容，直接从第三章读起。

但如果你是"虽然有兴趣，但还不到前文说的真心喜欢的程度"或者"其实从来没有认真思考过，自己的兴趣是什么"这样的人，接下来的内容对你来说很重要，请务必认真读下去。

下面我设计了几个问题，通过分析这些问题，在接下来的阅读过程中，你的兴趣轮廓会逐渐清晰起来。

转动金钱螺旋的 4 大步骤

首先来复习一下前面的内容，所谓的金钱螺旋就是：选择自己的兴趣，把钱投资在这件事上；然后再利用它赚到的钱，进一步选择与集中，提高自己的收入。

简单来说，想要转动金钱螺旋，一共有以下 4 个步骤：

- **步骤 1**：找到自己真正的兴趣。
- **步骤 2**：彻底投入自己的兴趣之中。
- **步骤 3**：想方设法将兴趣和收入联结。
- **步骤 4**：从兴趣中获得收入，再投资。

第二章的内容将针对步骤 1 和步骤 2 作解说。我希望各位读者注意的地方是，在步骤 2 之前，还有个步骤 1 存在。虽然是老生常谈，但我在这里还是要再强调一次，步骤 1 是最不容易克服的难关。

当你被其他人问道："你真心喜欢的是什么？或者对你来说，什么是'如果能够做到，我便此生无憾了'呢？"如果你回答不出来，那就从找出问题的答案开始下手。

思考如何将金钱投入自己的兴趣中，或者是如何才能把兴趣和工作做联结等，都是下一个步骤要讨论的事情。

下面，就让我们赶快进入转动金钱螺旋的步骤 1，从帮助自己找出兴趣的关键问题开始吧。

POINT

■ 用金钱增加知识，获得的回报无限量。

■ 转动金钱螺旋 4 步骤，从找到兴趣开始。

赚钱王牌如何找？心流9问有答案

接下来我准备了9个问题，来帮你找出兴趣所在。

这9个问题每一道都是针对你目前的工作提出的。这样设计的原因是，如果能从**目前的工作**中，发现可以成为转动金钱螺旋的兴趣，那是最理想的做法。

如果今天的情况是，对你来说即使投入全部都在所不惜的事物与你从事的工作完全没有关系的话，那么当你意识到这一点时，人生方向可能就需要大幅度地修正。然而，这是一个不切实际的选项。

抛下一切既有的基础，从零开始展开新的事业，而且还能挣到钱，要做到这件事并不容易。所以，最好还是从已经达到某个程度和熟悉度的领域中，找出自己的兴趣（或是进行再确认），进而提高这项技能，是更实际的做法。

我在后文会再提到，活用**心流**（Flow）这个以心理学理论为基础的概念。你可以把藏于目前工作中的兴趣，发展为即使投入全部资产也在所不惜的事物。

接下来，请你在脑海中回想一下你每天的状态，还有自己

在工作时的模样，然后用"是"或"否"来回答下面的问题，
作答时请不要想太多，要靠直觉快速作答。

以下 9 个问题，让你判断出目前的工作
是不是自己的真正兴趣！

☐ 1. 你可以不假思索回答出自己工作的目的吗？

☐ 2. 工作时你能够全神贯注吗？

☐ 3. 在工作中，你曾有过整整半小时完全对外界没有产生任何
反应的经历吗？

☐ 4. 上班（有工作）的日子，是不是总觉得时间过得特别
快呢？

☐ 5. 你能够立刻说出从目前工作中所得到的成果吗？

☐ 6. 你的工作内容是否经常面对未知的挑战？

☐ 7. 你是否能够感受到工作的日程安排和内容都是由自己掌
控的？

☐ 8. 你的工作环境是否不易受到其他人打扰？

☐ 9. 如果每个月都能得到一笔和你目前工作收入一样多的进账，
你还会继续从事目前的工作吗？

关键一题，看你是否找到"天职"

你回答完了吗？一共回答了几个"是"呢？

原则上，9道问题的回答都是"是"，或一个"是"也没有的人是不存在的。得到7～8个"是"的人占少数，得到3～4个"是"则是平均值。

若你得到5～6个"是"，表示从目前的工作中能得到比较多的满足感。相反地，如果只有1～2个"是"，建议不妨将换工作一事放在心里，然后继续阅读本书。

在这9个问题中，其实有一道"特别题"混迹其中。你知道是哪一道题吗？

不卖关子了，答案是第9题——如果每个月都能得到一笔和你目前工作收入一样多的进账，你还会继续从事目前的工作吗？如果你的回答为"是"，表示你已经找到即使投入全部资产也在所不惜的事物了。

因为这表示你已将价值置于目前所从事的工作上。就算现在还没有那么喜欢，但只要对目前的工作进行深入且专注的探索，你就能够完成属于自己的金钱螺旋。

其实，只要第9题的答案为"是"，前面的8道题，不管回答什么都无关紧要了。能够找到这样的工作，实在令人称羡。

对第 9 题回答"否"的人也无须灰心丧气，我们可以通过提高其他题目回答"是"的数量，将目前的工作，慢慢朝"即使投入全部资产也在所不惜"这样的理想靠近。

特别是从事目前的工作还不到三年的人，很有可能尚未体会到个中乐趣。虽然日本有"石上三年"[1] 这句俗语，但许多人还是因为职场环境或人际关系等原因，没办法从目前的工作中发现乐趣，结果与原本非常适合的工作机会失之交臂。

事实上，频繁换工作的年轻人，通常待在一份工作的时间也不会太久，有着"不断换工作"的倾向。这些经常换工作的人（Job Hopper）就算原本有机会发现自己的"天职"，也都会被亲手扼杀了那些可能性，真是令人十分惋惜。

就算第 9 题的答案是"否"，只要还有 3 ～ 4 个"是"，便可以对目前的工作设定为期一年的观察期，在这段时间里，努力尝试喜欢上目前的工作。如此一来，你还是有机会在此过程中，找到即使投入全部资产也在所不惜的事物，从而改变自己的工作历程。

1　译注：就算坐在冰冷的石头上，只要三年，一定可以将石头给坐暖。衍生意为"只要忍耐，一定会成功"。

冲动离职风险高，事前计划更有保障

对于"如果每个月都能得到一笔和你目前工作收入一样多的进账，你还会继续从事目前的工作吗"这个问题，就算你的回答是"否"，也请不要因此轻易离职。我阻止你的第二个理由是——**伴随风险**。

假设现在你有一个愿意全身心投入的兴趣，在将来也希望能用这个兴趣，打造属于自己的金钱螺旋。虽然我很认同这个想法，但是如果为了实现这个梦想，你想要立刻辞职、离开自己目前的工作岗位，这样需要担负的风险实在太大了。

追求兴趣固然重要，但如果连保障基本生活的收入都成了问题，想完成自己的金钱螺旋，不过是痴人说梦罢了。

就算你已经在兴趣世界里找到了真爱，对第 9 个问题的回答是"否"，也应该先继续目前的工作，然后再逐渐分散收入来源——这才是明智之举。

究竟如何通过自己的兴趣来获得收入呢？首先，我们必须找到赚钱的方法。具体的内容我将在介绍步骤 3 和步骤 4 时说明。

就算要辞职，等到兴趣真正成为你收入的来源时再离开也不迟。乍看之下，毅然决然离职，为了一心投入自己的兴趣，是一件非常潇洒的事。实际上，却危机四伏，最后甚至还可能会落得两头空。

宾夕法尼亚大学的亚当·格兰特（Adam Grant）教授曾经在他的著作《离经叛道：不按常理出牌的人如何改变世界》中提到，"保留正职并以副业方式来创业的人，其破产风险比离职创业的人低33%"。

换言之，在你的兴趣成气候之前，拥有一份正职而不是无业，对你来说是更为理想的做法。

我现在偶尔还是会上电视节目表演的原因也在于此。我认为维持自己的知名度和曝光度，也能为我最看重的工作带来正面加分效果。**想要打造自己的金钱螺旋，事前计划不可或缺。**

心流体验，进入忘我的专注状态

其实包含第9个特别问题在内的所有题目中，都隐藏了一个共同点，那就是它们都与"心流"这个理论有关。

心流是由美国心理学家米哈里·契克森米哈赖（Mihaly Csikszentmihalyi）提出的理论。**心流指的是，在人们从事某件事时，因为全神贯注，所达到的精神集中的状态。**

是否产生了心流，可以用来当成是否找出自己真正兴趣的衡量标准。与此同时，产生了心流的状态也是让你喜欢上某件事物的关键。

话虽如此，心流其实并不是什么晦涩难解的理论。其实在你的人生中，我相信你可能已经感受过好几次心流体验了。

- 小时候一拿到游戏手柄就忘了时间，玩到天都黑了，被生气的父母痛骂一顿。
- 刚买回来的书或漫画迫不及待地开始读起来，过了一两小时也浑然不知。
- 校庆活动前一天，兴奋地和朋友一起投入准备工作，明明感觉才过了一会儿，没想到已经是放学回家的时间了。
- 享受和爱人约会时的喜悦，完全忽略了周围人群的目光，现在回想起当时在大庭广众下卿卿我我的行为，真想挖个洞跳进去。
- 手里的工作任务快接近尾声了，当全身心投入在这项任务中时，甚至连办公室的电话铃响了都没有察觉到，同事看到无不哑然失笑。

如上所示，我想你或多或少都体验过，全身心投入一件事情时，那种时光飞逝和忘我专注的状态。

这就是所谓的**心流体验**了。

　　一个人在从事自己感兴趣的事时，往往比较容易进入心流状态，这是任何人都具有的天性。

　　在你目前所从事的工作中，有没有能让你进入心流状态的工作内容呢？如果有，你可以将它当成衡量"我真的喜欢这件事情"或者"我有可能喜欢上这件事情"的标准。

POINT

■ 对现有的工作活用"现况 9 问"，可重新探索自身兴趣。

■ 就算找到了真心喜欢的兴趣，也请不要立刻离职。

讨厌却还得做，绝不会带来成功

说到这里，相信你已经知道，从事自己感兴趣的工作时，比较容易进入心流状态。但或许有人会说："在我目前的工作中，实在很难找出哪些工作内容能让我有体验心流状态的机会，怎么办？"

其实，虽然有时候你没有实际感受到喜欢的感觉，但那件事却非常适合你。

另一种相反的情况是，你觉得自己对某件事感兴趣，但有可能只是想太多了。我就曾见过，有人对简单又机械性的工作充满了热情。

下面就让我们来看看，契克森米哈赖从他的研究结果中总结出的——容易进入心流状态的条件。

他指出构成心流体验的条件，共有以下 8 个要素。

1. 明确的目的：有明确的目的，知道自己为何要这么做。知道要实现这个目的所需要的方法，并能够在某种程度上预测行为的结果。

2. 集中：能在众多选项中做出选择，并将时间和金钱集中投入一件事情上。

3. 自我意识下降：进入忘我的状态。

4. 时间感消失：做某件事情的时候，总觉得时间过得特别快。对时间的感受有种被压缩的感觉。

5. 及时的回馈：完成一项任务后，能够感受到及时的回馈。

6. 合适的难易度：正在从事的项目不会太难，也不会过于简单，难易适中。

7. 有能够掌控全局的感觉：能够正确掌握目前正在从事之事的状况，知道自己有能力将这件事引导至期待的方向。

8. 能够发现活动本身的价值：获得报酬并非参与这项活动的主要目的，而是能发现这项活动本身具有的价值。

除了上述 8 点，还有一点也很重要——不会被闲杂人等打扰的环境。请确保不会有突如其来的电话等外在因素的干扰。

目的明确，更乐于完成任务

心流体验 8 个构成要素中的第 1 项是**明确的目的**。

如果我们能够明确知道自己正在做的这件事的目的是什么，了解实现这个目标所需的方法，而且在某种程度上能预测采取行动之后可能得到的结果，这样就能很容易地进入心流状态。

在上一节的 9 个问题中，问题 1 "你可以不假思索回答出自己工作的目的吗"和问题 7 "你是否能够感受到工作的日程安排和内容都是由自己掌控的"这两个问题都与**明确的目的**相互关联。

如果你能清楚地认识到自己目前的工作、正在投入的项目或执行中任务的目的，那么在做事时，注意力自然就会提升。

同样地，如果能够切实掌握好自己的工作内容或完成任务前的所有安排，也比较容易进入心流状态。

如果你对问题 1 和问题 7 的回答是"否"，可以试着分析原因到底出在哪里。说不定只要再次向上司确认工作内容和完成期限等，就可以得到让目的明确化的效果。

其实重点并不在于你能否掌握整体工作的明确目的或拥有切实掌控日程的感觉，而是在经过如此细分化的环节之后，你在所负责的工作里，能否体验到心流。

持续累积这样的经验，你就能以愉悦的心情去处理自己的工作了。

兴趣，藏在你的专注时间里

心流体验 8 个构成要素中的第 2 项是**集中**。

如同上文"选择与集中"提到的，我们应该在众多事项中做出选择，然后将时间和金钱集中投入该选择上。

集中与 9 个问题中的问题 2 "工作时你能够全神贯注吗"有关联。这里所谓的集中，是一种针对自身兴趣和擅长领域，能将注意力和能力最大化发挥出来的状态。

许多坐办公室的上班族，都过着朝九晚五的生活，上班期间究竟有无集中心思在工作上，不在这个讨论范围内。

关于集中其实有许多不同的说法。其中一种说法是，人类注意力的极限是 90 分钟——当然有不少人还没有达到 90 分钟，注意力就涣散了。

想要在上班期间一直保持高度集中，事实上是不太可能做到的事。因此如果你对问题 2 的答案是"否"，或许可以换个方式再问一次："在你的工作中，有没有让你感受到自己正集中精神处理的工作内容呢？"

例如，在制作数据报表的 30 分钟内，我可以目不斜视、全神贯注在这件事情上。诸如此类的情形皆可。只要对工作流程的其中一部分，曾拥有专心投入的经历，问题 2 的答案就可以改成"是"。

在这项你能够集中精神的工作任务里，很可能就隐藏了你所擅长的事情。

有些人喜欢自己动手的工作；有些人会在与他人对话的过程中，整理脑海中的信息。不管是哪一种人，只要从事自己擅长的事，就能达到精神集中的状态。

以我为例，读书不但是我最擅长的事情，也是精神最集中的时刻。**若你想找出在工作中能够集中的工作内容或时间段，就必须知道自己擅长什么**，然后进一步发挥你的长处、扩大你擅长的领域，如此一来，你就能将个人的喜好扩展到工作上。

无聊的人度日如年，快乐的人却光阴似箭

心流体验 8 个构成要素中的第 3 项是**自我意识下降**——简单来说，就是进入忘我的状态。

例如在电影院里聚精会神地享受一部电影时，不会有多余的心思，去进行诸如"我正在电影院里高兴地看电影"这类冷静的分析。反而你会全身心沉浸在电影的情节中，仿佛自己也成为故事里的一角。能够发表观影感想说"这部电影实在太有意思了"，通常是看完电影之后的事了。

在 9 个问题中，自我意识下降与问题 3"在工作中，你曾有过整整半小时完全对外界没有产生任何反应的经历吗"相互关联。

自我意识下降，是比集中更深一层的阶段，例如全身心投入工作中时，要不是一旁的同事和你搭话，你甚至不知道自己已经"入定"很久了。虽与时间感消失之间也有关联性，但它不是那么容易就出现的。

因此，关于问题 3 的答案，建议你将时间的范围扩大到一个月之内，再回忆一下。

当然，那些能够让你全神贯注到忘我的工作内容，一定和你擅长的领域有关。

时间感能帮你找到兴趣所在

心流体验 8 个构成要素中的第 4 项是**时间感消失**。

同样的 1 小时，可能你在做 A 事的时候觉得时间过得好慢；但是做 B 事的时候，却觉得时间过得超快，这就是所谓的时间感消失。

人们对于时间的感觉是会产生变化的，时而觉得漫长，时而觉得短暂。在 9 个问题中，时间感消失和问题 4"上班（有工作）的日子，是不是总觉得时间过得特别快呢"相互关联。

当你被要求去处理自己认为很无趣的事情时，就会觉得时间过得特别慢。反之，如果今天你做的是能集中精神、全神贯注完成的事，就会觉得时间过得特别快。

若你热爱自己的工作，那么上班的日子应该也会觉得时光飞逝。所以如果问题 4 你的答案为"是"——在工作中，你确实能感觉到"时间感消失"的话，恭喜你，你已经找到自己的最佳兴趣了。

及时回馈，诱人乐于挑战的秘诀

心流体验 8 个构成要素中的第 5 项是**及时的回馈**。

回馈速度指的是，当我们采取行动之后得到反馈的快慢。通常来说，自己所做的事情，如果能立即得到反馈，就容易进入心流状态。

这也是为什么孩子们会对角色扮演类游戏如此着迷。在角色扮演游戏的设计中，挑战最后的大魔王之前，总要先克服重重难关。每通过一个考验，就能得到特殊的道具和宝物，然后再往下一个阶段迈进——就是这个迅速回馈的机制，让游戏中的孩子们欲罢不能。

在 9 个问题中，及时的回馈与问题 5 "你能够立刻说出从目前工作中所得到的成果吗"相互关联。

可是现实的工作毕竟不是游戏，我们很难有"每一天都在进步"的感觉。虽然每一样工作的性质各有不同，但能够立刻得到明确成果的工作为数不多。真实世界和角色扮演游戏不一样，没有具体又及时能得到的道具可以装备在自己身上，伴你往下一个关卡前进。

尽管如此，我们还是有办法在工作中感受及时回馈。

做法很简单，就是**有意识地设定许多小任务**。如此一来，每当你完成了一个任务，就能感受到小小的成长。

在健身房锻炼身体时也一样。每天的训练内容，都是在重复做相同的动作。从踏进健身房的第一天算起，到能亲身体验肌肉组织明显产生变化、体态和从前不一样了，需要一段时间的等待。

因此我在健身房锻炼时，每次都会记录下自己能够举起特定重量杠铃的次数。确实不可能在每一次锻炼后，都能感受到肌肉组织的改变，但是通过记录每次举起的杠铃重量和次数，我可以知道自己在这个重量比上回多举了一次，又或者是杠铃的重量可以再增加 2.5 公斤。

只要像这样将任务加以细分，就能及时感受原本回馈比较慢的事物的回馈。

这种任务设定的方式称为**小目标**（Small Goal）。如果你既拥有长期的大目标，也有短期的小目标，就很容易进入心流状态中。

难度太高，最让人提不起劲

心流体验 8 个构成要素中的第 6 项是**合适的难易度**。

一件你正在着手进行的事情，不会难到让你没有下手之处，也不会让你太过轻松过关，这个程度就是合适的难易度。人心相当不容易得到满足，事情一简单就感到无聊，太困难又会使人望而却步。

唯有难易适中，才能让人进入心流状态。

什么样的难易度算是合适呢？苏联心理学家利维·维果茨基（Lev Vygotsky）在他关于学习效果的研究中如此定义：已知的部分占一半，未知的部分占一半，在这种状态下，人们会达到最好的学习效果。

就拿制作培根蛋面来举例吧。虽然大多数人都知道它的制作方式（已知），可是唯有当我们去思考"要怎么做才能端出一盘让亲朋好友眼睛为之一亮的佳肴"（未知）时，才会发挥出最佳的表现能力。

合适的难易度与 9 个问题中的问题 6 "你的工作内容是否经常面对未知的挑战"相互关联。

不断处理大同小异的文书工作，会磨损一个人对工作的热情和新鲜感。虽然维果茨基说过，已知和未知的部分，最好维持在 5:5，然而在现实的职场中，我们不太可能把一半的工作内容都置换为自己不熟悉的领域。

我的做法是，有意识地去维持 8:2 的比例关系。也就是**将工作内容和工作时间的两成分配到未知的部分上**。就算实际在执行上有困难，只要脑海中有这样的想法，也能改变整体的工作，为其注入新鲜感。

只要你愿意接受**改变 20%** 的挑战，就能活化你的脑内状态。

工作中的个人主体性，重要吗？

心流体验 8 个构成要素中的第 7 项是**有能够掌控全局的感觉**。

如同 P.51 第 7 项详细内容所述，这是一种自己能够正确地掌握目前正在着手进行的工作，并且能掌控事情的发展，让它朝着所期待的方向前进的感觉。

自己能够掌控全局的感觉与问题 7 "你是否能够感受到工作的日程安排和内容都是由自己掌控的"相互关联。

一般来说，运动员们对于这种事情最在行。他们清楚自己的身体状况，并配合不同状况做练习项目的调整，以求在出场比赛当天，让自己维持在最佳状态。

优秀的运动员们还有一句经常挂在嘴边的话：我不想输给自己。把这句话换个表达方式，就是不想让自己处于无法掌控的状态下。

从职场的角度来理解就是，一个人有没有办法在工作中发挥主体性。

回想你在公司里所做的事情，一种是上司或客户要求你完成的工作；另一种自己提出企划案，并安排工作行程。你认为哪一种比较容易进入心流状态呢？不用说，当然是第二种情形。

在第一种情形中，如果没有上司或客户的指示，员工便容易在处理事务上不知所措；但如果是第二种情形，在拥有自我主体性的情况下，就算碰上鬼打墙，自己也能想方设法来改变现状。

至于是第一种还是第二种工作方式更容易赚到钱，这倒是没有定论。

有价值，你才更想去做

心流体验 8 个构成要素中的第 8 项是**能够发现活动本身的价值**。

这项内容所要表达的是，当我们参与一件事情时，所看重的并非事情完成后能得到多少报酬，而是可否从这个活动本身发现什么价值。

"能够发现活动本身的价值"这个问题和 9 个问题中的特别题"如果每个月都能得到一笔和你目前工作收入一样多的进账，你还会继续从事目前的工作吗"相互关联。

举例来说，一个"因喜爱设计工作，成为一名设计师"的人，也不必特别做些什么，他在工作中就很容易进入心流的状态。反之，如果"对设计并没有太大热情，但为了赚钱而成为设计师"，这样的人，想要在工作时进入心流状态就比较困难了。

我在健身房里锻炼身体时，经常可以体验到进入心流状态的感觉，这是因为我从这件事里找到了它的价值。

有些人去健身房的目的是增加自己的肌肉量；有些人则是为了塑造更好的身材。但我的目的相当单纯，只是因为我很喜欢举起过去无法举起的重量，每个进步的瞬间都让我有满满的成就感。

　　读书也是一样，通过阅读我收获知识，然后就会有企业来找我做咨询或演讲，于是我从中赚取收入。能坚持下去是因为对我个人来说，读书本身就是具有价值的行为。

　　如果有人问我："DaiGo 先生到底是为了什么而读这么多书呢？"我一定会毫不犹豫地回答："只是因为想读而读，如此而已。"

为什么知名 CEO 都重视晨间时光？

　　前面已为你解释完契克森米哈赖所提出的构成心流体验的8要素。他在这8项之后还加上了一条——"不会被闲杂人等打扰的环境"，说明了这也是进入心流状态的重要因素之一。

　　与这一项相互关联的，是9个问题中的问题8"你的工作环境是否不易受到其他人打扰"。

　　曾经有一个在该问题上回答"否"的人向我抱怨："每当我在工作时，电话三分钟就会响一次；不然就是又有电子邮件进来；或者是有谁跑来和我说话，让我的工作进度总是落后。"

　　确实，在电话响不停，随时有人找自己搭话的环境中，要进入心流状态是有难度的。

　　如果遇到这种情形，建议你带着工作需要的工具或资料，移步到咖啡店或图书馆去。

　　在那些地方，工作通常都会进行得比较顺利。原因无他，因为那里是"不会被闲杂人等打扰的环境"。这也就是有些人会把已经临近工作截止期限，却还没有完成的工作，带回自己家里处理一样。

　　当人们遇到紧急状况时，会根据经验去创造一个不被闲杂人等打扰的环境。然而，一些知名的 CEO（首席执行官），都是有意识地在做这件事。而且和一般员工相比，他们大多属于**早起**类型。

　　这些知名 CEO 会在清晨四五点起床，确保有一段完全属于自己的一两个小时的时间。他们会利用这段没有任何人打扰的宁静时光，处理一些不容易做出决定的项目。据我所知，很多 CEO 的生活状态都是如此。

　　经验告诉他们，起床之后的两小时，是最能够集中精神的魔幻时刻（Magic Hour）。如果在那时能够不被任何人打扰，就很容易进入心流的状态中。

　　这里的重点是：**当你累积越来越多在心流状态中做某件事情的经验，就会更加喜欢去做那件事。**也就是说，人们会喜欢上自己在没有人打扰的时间里所做的事，就算它是一件使出浑身解数才能完成的事情，也会因为伴随着心流体验，转变为你感兴趣的事。

通过心流累积，把不讨厌的事变成兴趣

在现实世界的任何行业中，几乎没有人能在自己的工作里，找到完全符合契克森米哈赖举出的心流体验构成的 8 要素。从经验分析上来看，在你的工作中可能有 2 ~ 3 项符合要素，有 5 ~ 6 项则属于偶尔符合。

如果只是想找出自己的兴趣，那这样的程度就已经足够了。

从事的工作与自身兴趣相契合的人，比较容易进入心流状态；而体验过心流状态，也同样能喜欢上自己所做的事情。我们可以说，**喜欢和心流是一体的两面**，因为进入心流状态，所以喜欢正在做的事情；因为喜欢正在做的事情，所以容易进入心流状态。

如果在你目前的工作中，有两三项是能让你轻松进入心流状态的工作内容，你就应该把重心放在这些事情上；然后继续朝着把喜欢的工作增加到五六项的方向去努力，将自己的周围，打造成一个容易进入心流状态的环境。如此活用身边既有的资源，正是达成最终目标的快捷方式。

跳槽到一家看似更能满足心流体验条件的公司，其实不外乎是想从其他地方，得到自己身边没有的资源。这种行为实质上没有什么意义。因为你只看见能否进入心流状态，以及自己能否专注并享受工作而已，这样的心态，反而会害你在哪里都待不久。

想要打造不会被闲杂人等打扰的环境，需要做一些事前准备。若想维持一个容易进入心流状态的氛围，用心经营和努力更是不可或缺。

如果疏于上述提及的事前准备，而只是在心里想着"改变环境就可以体验心流，找到兴趣"，这对改善你的现状并不会带来帮助。拿金钱螺旋来作说明，就比较容易理解了。

在第一章里，已经介绍过金钱螺旋的样子了。

当我们得到金钱后，要把它用于兴趣（A）。通过将金钱和时间投资在自己的兴趣上，提高在特定领域中的知识和技能，并和工作产生联结（B）。

当你成为大家心目中，完成某项工作的不二人选之后，得到的报酬（C）和过去将不可同日而语。

像这样**金钱→兴趣→工作→金钱**的循环，顺着箭头转动一次，就形成了循环。

因此，当我们拥有心流状态体验后，也要把它应用到自己的兴趣上。通过兴趣一次次加深心流体验，就能让目前的工作变成喜欢的工作。若你的工作成了个人的舞台，你所获得的名与利还会少吗？

或许我们也可以这么说——**只要你在目前工作中发现了自己擅长的领域，就应该对它进行深耕。**

这么一来，当你在从事擅长的领域时，心流体验就会开始累积。慢慢地，擅长的领域也会成为兴趣，最终还会变成喜欢的工作。当你成为这个工作中的扛把子之后，理想的报酬和声誉自然会找上门。

找到心流密钥，幸福随之而来

到目前为止，关于金钱螺旋 4 个步骤中从步骤 1 到步骤 2 的部分，就都做完说明了。

为了找到真正的兴趣，你可以试着将心流体验构成的 8 要素做成一张表格。然后对照着看目前自己所从事的工作和一直想做的事情，分别符合这 8 个要素中的哪几项。我认为这样相互比较是很有意思的。

如果你已经找到了自己真正的兴趣（在任何时刻，都相对容易进入心流状态的事），就可以经常在心情愉悦的状态下去做这件事。在这些事情上尽情挥洒自己的能力，便能体会到自我成长所带来的喜悦。

可以说，**心流和人生的充实及幸福感之间具有相当强的关联性**。待在心流状态中的时间越长，你所感受到的充实感和幸福感也就越多。

只要你能找到让自己进入心流状态的那把钥匙，幸福就会随之而来。

那么寻找那把钥匙，该从哪里着手呢？首先，请先在这 8 个要素里挑选两三项，愿意将你的心力投注其中，确保这是自己擅长、喜欢的事物。哪怕这些事情在别人眼中是那么的琐碎或无聊都没有关系。重点在于，这件事必须能为你打开通往心流状态的那扇门。

如此一来，在目前从事的工作中，将感兴趣的事情进一步发展为即使投入全部也在所不惜的事物，是有可能办到的。

该做的事情，并非最重要

当人们乘坐云霄飞车、玩游戏时，比较容易体会到自我意识下降和时间感消失的感觉，并因此产生进入心流状态好像并不困难的假象。可是实际上，游戏并不能完全满足心流的状态。

因为游戏究其根本，是只能从中得到一时欢愉的事物。正因游戏没有持续性，所以它无法给予我们"投入在自己兴趣上时，所获得的长时间幸福感"。

另外还想补充一个常识——**一件"虽然不喜欢，但不得不做"的事情，绝对无法让你进入心流状态。**

在初高中时期，应该有不少人觉得"虽然讨厌数学，但因为它是重要的学科，还是好好学习"吧。许多学生在面对自己不喜欢的科目时，依然会认真地学习。

其实就算是自己讨厌的科目，在经过一番苦读之后，还是有可能克服原先对它存有的恐惧心理。但是要将这个科目，变成"能让自己进入心流状态"那样的喜欢程度，我认为是相当困难的。

当我在阅读心理学相关书籍时，很容易就进入心流状态。然而一旦换成阅读法律方面的书籍时，就很难产生心流体验。因此我想建议你，尽可能抛下"不得不做的事、必须做的事"这种想法。

这也是为什么，我在书中从来没有说过"请把钱投入在应该做的事情上"，而是希望你"把钱投入在兴趣上"的原因。

对某件事有兴趣时，学习的速度就比较快，因为做这件事情的时候，比较容易进入心流状态。当我们完全沉浸在自己喜欢的事情上时，相关的知识、信息、技能和人际网络等，也都会随之展开。如果我们能进一步将它和工作联结，那么打造金钱螺旋的任务也就大功告成了。

因为对于"虽然不喜欢，但不得不做"的事情，无论下多少功夫，都很难做到真正的成功，因此金钱更应该投资在兴趣上，而非该做的事情上。

POINT

■ 活用心流构成 8 要素，工作也可能变成兴趣。

■ 将工作改变 20%，活化脑力效率高。

■ 为自己留下宁静时光，更能促进思考和自我认同。

■ 与其为不得不做的事而努力，不如将钱投入自身兴趣上，把自己的可能最大化。

设立小目标，及时回馈让你乐在其中

看到这里，或许有些读者开始着急了：怎么办，好像真的没有一件能让我专心致志，进入心流状态的事情。关于这一点请放心，不用太焦虑。

就算你目前没有能够进入心流状态的事情，身边也一定有"虽然喜欢的程度还不到心流等级，但还挺感兴趣"的事。你现在要做的，就是努力将这件让你还挺感兴趣的事，升级成能够进入心流状态的兴趣。

有些人能在纯粹为了自娱自乐而演奏乐器的情况下，进入心流状态。但就算是这样的人，在刚开始学习乐器时，也是不可能立刻进入心流状态的。因为刚接触一种新乐器时，有很多东西必须花心思去学、去记，而且技术尚未成熟。这时候就算演奏，也很难从中体会到乐趣。

唯有当演奏技术越来越纯熟、与志同道合的伙伴们组成乐团，甚至有了到舞台上做现场表演的明确目标后，再与伙伴相互配合，共同练习，有了自己演奏风格，才会有掌控全局的感觉。

换句话说，当我们持续投入在一件事情上，构成心流的要素就会一个接着一个地冒出来。本来只是有点兴趣，最后变成可以进入心流程度的兴趣。

若从这个方向来思考，就会发现，你每天花在工作上的时间，远比花在你的兴趣上的时间还要长，而且还非常具有持续性。

活用心流 8 要素，深化兴趣再加分

如果你能在每天的工作中找到感兴趣的工作内容，下一步要做的，就是持续在这件事情上付出努力。日积月累，它就有可能变成让你进入心流状态的兴趣。

其实就算是一个拥有心流程度兴趣的人，也不太可能让这件事情完全满足构成心流的 8 个要素。

他可能会说："当我投入这件事情的时候，有着明确的目标，能做出选择，集中精力，在状况特别好时，也能体会到自我意识下降和时间感消失，可是唯独少了及时的回馈。"根据这段话的描述，事情总是有美中不足的地方。

尽管如此，当你已经满足了 8 个构成要素中的多项之后，对于剩下的那一两项，便只要靠技巧和方法来补上即可。

而只满足了一两项构成要素的人，其实也只需要在这些地方继续发展，让它拔尖，就能够逐渐体会到高度完成的心流状态。

下面来整理一下前面的内容。首先，最重要的就是，找出能够让自己进入心流状态的真正兴趣。

你可以先用本章前面提到的 9 个问题来问自己，然后把每天的工作内容拿来与心流体验构成的 8 要素相互参照比较，这样做很有帮助。

当你发现了自己擅长的、喜欢的或疑似感兴趣的事情之后，就可以往下一个阶段迈进——**设定小目标并打造不会被打扰的环境**。帮自己更容易进入心流的状态，是相当重要的。

紧接着你要让兴趣变成能使自己感到更快乐、更充实的事，并能从中获得自我成长。

回馈游戏化，帮你度过难熬时光

在营销中有一个名叫游戏化（Gamification）的概念。

这个概念利用游戏世界里的及时回馈，让人们在与其他人合作、竞争的同时，完成一件事情。这种做法将我们在玩游戏时感受到的乐趣，应用在职场或社会活动中。毕竟事情要有趣才能吸引人，抱持着愉快的心情做事，自然会得到令你满意的成绩。

因此，当我们在寻找开心之事时，也别忘了享受已经找到的令你开心的事。如果你发现了能够进入心流状态的事情，就要设法让自己更加享受这样的兴趣。

有时候为了使其成为自己的兴趣，甚至必须强迫自己从不太感兴趣的事物开始着手。

例如，有一位高中生对宇宙抱持着极大的兴趣，他希望在大学里能就读航空太空工程学系。要想实现这个梦想，他必须先接受考前努力用功的磨炼。

如果一个人拥有对任何事情都能乐在其中的能力，那么就算是考前枯燥乏味地埋头苦读，他也会乐在其中。因为"考前努力读书"这个行为具有明确的目标，而且是实现梦想的其中一个方法，所以他能够从中发现其本身的价值。

如果在实现最终目的的道路上，再设定许多容易达成的小目标，就可以轻松得到及时回馈。

为了升学而努力读书这件事，乍看之下的确令人索然无味，可是我们仍然可以想办法，让它尽量接近能够产生心流的状态。

总的来说，拥有发现自身兴趣和喜欢自己发现的事物这两种能力的人，就已经具备了转动金钱螺旋所需的条件了。

POINT

■ 设定小目标、创造实时回馈，是进入心流状态的诀窍。

■ 如果在目前的工作中能够发现稍微感兴趣的部分，请持续专注并加强这个方面。

■ 找到兴趣之后，要想办法让自己更加乐在其中。

专栏

自我补偿心理，令人难挡的购物欲

目前的你，有自己的目标吗？如果这个目标对你来说，是一件正确的事，那么，我得和你说实话——当你做这件事情时，进入心流状态会比较难。而且你所设定的这个目标，要转变为兴趣的可能性也不高。

究其原因，在我们身上都存在着一种被称作**道德许可**（Moral Licensing）的特质。这个特质让我们觉得"在做完正确的事情之后，干点坏事也没有关系"，而这也是我们难以抗拒诱惑的原因之一。

可以列举的例子有很多——今早已经到健身房燃烧脂肪了，吃一点甜食不过分吧；刚刚已经忍住不买那个包了，今天的晚餐可不能再苦了自己；上星期已经好好陪过家人了，今晚一个人去快活一下可以吧；我都为家人牺牲奉献这么多了，偶尔放肆一回没关系吧……当人们把正确当成理由，做了某些事情后，结果通常禁受不住来自其他方面的负面诱惑。

道德许可真正可怕的地方在于，不管你是否真的做了正确的事情，它都会使人对诱惑的抵抗力变得薄弱。

电视台的新闻节目在播放过程中，总是有广告时段。在报道完一则惨绝人寰的杀人案件后，很可能接着播出的是化妆品广告。如果你是这个节目的赞助商，应该不会希望自己的产品和杀人事件有任何联系吧？

然而不论是在过去还是今天，新闻节目之后紧接着播出的，大多是民生用品的广告。归根结底，这和观众心里的道德期许有关。在沉重、正确的新闻报道之后，坐在屏幕前的观众，对广告的诱惑会变得难以抗拒。

也就是说，当我们从新闻节目中得知了凄惨的杀人事件后，心里会产生难过这种正确的感受；并在难过之后，出现想要纾解的欲望，因此购买广告中的商品，就成了一种改变心情的方式。

越是去认识这类心灵运作方式，越会对我们该如何花钱、赚钱，带来很大的影响。如果想要战胜道德许可，不再被诱惑牵着鼻子走，就要记住：当我们做一件事情时，考虑的角度应该从因为正确所以去做转变为因为快乐所以去做。

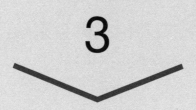

兴趣变身吐钞机，
掌握 5 大致富时机

活用 6 度分隔理论，机会来敲门

在第二章中我曾提到，想要建立金钱螺旋，需要经过以下 4 个步骤。

- **步骤 1**：找到自己真正的兴趣。
- **步骤 2**：彻底投入自己的兴趣之中。
- **步骤 3**：想方设法将兴趣和收入联结。
- **步骤 4**：从兴趣中获得收入，再投资。

在第二章里，我也针对"步骤 1：找到自己真正的兴趣"和"步骤 2：彻底投入自己的兴趣之中"，提出了 9 个问题和接近心流状态这两个切入的方向，帮助你在工作中，发现自己还未觉察的兴趣，并介绍了深化兴趣的方法。

本章将进入步骤 3：想方设法将兴趣和收入联结。也就是将兴趣**收益化**（Monetize）[1]，我将为你说明 5 个创造金钱收入的

---

1 译注：公司或企业通过提供免费服务来获取报酬的一种方式。如游戏的玩家虽然可以免费玩游戏，但仍必须付费才能获得高阶宝物或武器。

重点。

第一个重点是**宣传与奉献**。

将兴趣收益化的第一步，就是要让身边所有人都知道——我喜欢什么，我对自己喜欢的事有多擅长。具体来说就是在这件事情上我能做到怎样的程度。

不论你在哪一个领域有多么高超的技能，如果周围的人都不知道你身怀绝技，比如"我们这次要举办某活动，你是否有意愿来参加呢"这样的邀约机会，是绝对不可能从天而降的。

宣传与奉献就是为了**让身边的人都知道你擅长某一事情**。

在本书中我重复提到，我最重视的莫过于"通过阅读获得知识"这件事。我还说过，最近有许多公司来找我做咨询，他们都希望把独立的知识群相互联结，将知识最大化，并进一步将这些知识拿来实际应用。

如上所述，为了让自己能够从事心中最想要做的事情，向周围人公开"这是我喜欢，而且擅长的事情""活用我的这个强项，可以达成这样的目标"，也是不可或缺的。

当你对外公开自己喜欢什么，而且希望将它活用在工作中之后，周围的人才有可能改变对你的既定认识。

如果像个聋哑人一样什么都不说，周围的人当然不会注意到你，就算有相关的工作机会，也不可能找上你。如此一来，将自己喜欢的事物和工作相互联结就会变得困难重重。

很多人因为不好意思或害羞，通常只会把自己喜欢的、想做的事情，告诉给家人、恋人和朋友们等小圈子里的人。这种含蓄的表现其实并不是一种值得称许的美德，因为**它所展现出来的消极性，会让本来可能属于你的机会白白溜走。**

利用奉献自我宣传，把机会最大化

耶鲁大学的斯坦利·米尔格拉姆（Stanley Milgram）教授曾经以实验结果为依据，提出著名的**6度分隔理论**（Six Degrees of Separation）。

简单来说，这个理论就是通过"朋友（一次分隔）的朋友（二次分隔）的朋友（三次分隔）……"这种联结方式，平均只要经过6次分隔之后，无论是谁都可以和世界上的任何一个人产生联系。

网络和社交网站的普及，让6度分隔理论更容易被实现。请回忆一下，你是否也曾在新闻媒体上，看过类似这样的报道呢？有个小朋友在社交网站上发了一条"想见自己仰慕的运动员"的消息，他身边的大人们看到这条消息后，决定帮他扩散出去，最后这个小朋友见到了自己仰慕已久的明星运动员。

如果你真的很希望能和其他国家的总统或好莱坞明星说上几句，只要竭尽全力向周围的人宣传这件事，就算可能要花费些时间，在经过 6 次分隔之后，还是有办法实现的。但如果你只是把这个愿望埋在心里，不管过多久都不会发生任何改变。

因此，不管今天出现在你面前的是不是初次见面的人，你都应该尽可能和更多的人谈谈自己喜欢的事物、擅长的领域，如此一来，你所说的话也成了一种投资。

然而，当我们在努力营销自己时，对听者来说可能是一种强行推销。因此除了帮自己做宣传，也别忘了**奉献**的重要性。

所谓的奉献就应该如是说："这是我喜欢的事，如果你有这方面需要我帮忙的事，别客气，尽管开口，让我助你一臂之力。"

这里有个很不错的例子。我从学生时代开始就非常喜欢旅行，刚好在认识的朋友里面，有一位对如何找到便宜机票和低价旅行，以及活用里程数的方法等方面相当熟悉的女性。

以前她总会和周围的朋友说："要出国玩之前可以先告诉我，我会倾囊相授，帮你规划一个最划算的行程。"

经过大家口口相传，最后连朋友的朋友们都来找她咨询旅行的事。发现大家有这个需求之后，这位女性友人开始写博客，公开分享自己的旅游知识。她不但很会规划超值的旅程，同时还会亲身去体验，目前已经是一位专门以旅游为主题进行创作的作家。

我们不但要对外宣传自己擅长的领域，也要乐于奉献自身所长来服务他人，以擦亮自己的宝刀，告诉人家"我已经准备好为大家服务了"。宣传与奉献的意识，应该时刻放在自己的脑海中。通过不断实践，将来提供机会给你的就不只是身边的朋友或认识的人了，还会有朋友的朋友。

创造收益化的机会其实不少，而它们都隐藏在这 6 度分隔理论之中。

说明兴趣，话越短越好

当我们充满热情地和对方阐述自身想法时，有些人的反应可能非常冷淡，他们会说："不要光讲这些不切实际的事情，是不是该面对现实了？"

就算真的遇到这种情况，我们也不必受到他人的影响，因为嘲笑别人梦想和志向的人，只是证明他自己没有梦想和志向而已。

就用"林子大了，什么鸟都有"的心态去接受吧。只要抱着"乱枪打鸟"的精神，与遇到的每个人都畅谈自己想做的事情，就一定会出现愿意认真听你说话的人。

另外，当我们在作自我宣传的时候，还有一件事要放在心上，那就是尽量用一句言简意赅的话，说明自己想做的事情。

我刚开始从事心理分析师工作时，还不懂得如何用一句话来精简表达，为此吃了不少苦头。当别人问我："DaiGo 先生，你刚才表演的是魔术吗？还是这其实是种超能力？"当时的我总是这样回答："这并不是魔术或超能力，而是一种利用心理学、表情分析学，从对方脸部肌肉活动解读心理的学问。其他还有话术等，我将这些学问进行了综合应用……"

结果当我洋洋洒洒作了这么长一段说明后，对方总是一脸茫然的样子。

于是我对心理分析以及自己想做的事情重新作了一番深入的思考，最后终于找到了用一句话就可以概括完的内容——我所做的事，就是利用科学和逻辑来再现超自然现象。

当我能够用这句话简短地说明自己所做的事后，他人的理解度明显有了大幅度的提高。

如果对方不知道你在做什么，你想要放开手脚做自己想做的事情就比较困难。因此，当有人问到"你是一个怎样的人"的时候，你应该回答事前就已经准备好的一段简单说辞才对。

POINT

- 鼓起勇气，大声说出你擅长的事和喜欢的事。

- 嘲笑你梦想和志向的闲言碎语，不用在意。

- 请准备好一段言简意赅的内容，用来说明你下决心
  要做的事。

出外靠朋友，互惠原理帮你经营人心

第二个重点是 Give & Give。

我想应该有不少人都听过互惠原理（Reciprocity）吧。

互惠原理是说，当人们从别人那里得到了什么之后，心里会认为必须要向对方回礼。例如当你正在处理一项临近截止日期的紧急任务，同事们都自愿加班来协助你，相信你心里一定会产生**"要是下一次换同事落难，我一定得帮他才行"**的想法。

这个心理作用有个非常耐人寻味的地方，那就是通常受惠者的心里会出现"对于他人的帮助，我一定得加倍奉还"的想法。

心理学家丹尼斯·里根（Dennis Regan）曾经用可乐做过一个实验。

一开始，里根以艺术调查为由，把实验受试者集合起来，请他们在特定的时间点抵达展览会场。会场中有一个假装是一般参加者的实验助理。在助理和受试者对会场画作发表自己的意见时，助理会在此过程中提出稍作休息的请求，然后走向可以免费领取饮料的地方。

当助理回到受试者身边时，会有以下两种情形：一种是助理两手空空回来；另一种是助理手上拿着一杯可乐给受试者喝。

不论是哪种状况，助理都会向受试者提出这样的要求："其实，我是以卖彩券为生的，今天还有几张没有卖完，一张只要25 美分。如果我能够把彩券全部卖出去，就可以获得 50 美元的奖励，不知道你是否愿意帮我完成任务，买几张都行的。"

结果显示，拿到可乐的受试者的购买率，是没有拿到可乐的受试者两倍。明明只是一杯免费的可乐，却对受试者产生了巨大的影响力。

从其他类似的实验中也同样可以发现，只要对受试者施加小惠，就可以期待他们带来远远超出小惠的回报。

送礼就要"先发制人"且不着痕迹

所谓的 Give & Give，就是利用互惠原理，让身边的人成为自己的贵人。请尽可能地将它拿来和宣传与奉献一起使用，这样才能得到最好的效果。

当我们把身边的人都变成伙伴，并将自己的兴趣往收益化方向推进，他们就都会是你的助力。然而，如果你没有实践Give & Give，就可能会出现"这个社会并没有你想的那么简单""你就不能把心放在工作上吗"类似这样妨碍你集中与选择的话。

因此，拥有愿意站在你身边的人，或者说是对你"特别照顾"的上司或前辈，是相当重要的。

从 6 度分隔理论来看，我们应该有机会让处在二次、三次分隔关系的人，成为自己的支持者。

那么具体来说，究竟要给予（Give）什么才好呢？

在接下来的第三个重点里，我便会提到——你的行为能否为对方带来实质帮助，这是一个关键，而且在 Give & Give 里要给对方的是东西。

至于该给对方什么，其实与东西的价格无关。事实上，除了对亲人、伴侣等关系亲近的人之外，很多时候送昂贵的东西给别人，反而会带来反效果。

假设你是女生，突然有一位不是特别熟的男士，要送你名牌鞋子和包包，你会有什么样的感受呢？

你是不是会想：这个人一定不怀好意，真恶心。然后对他做出保持警惕的姿态。就算送礼的男士并非别有用心，还是会让人产生"小心为妙"的感觉。

但是如果换个场景，当一位伯伯去你家拜访你父母，随手递了一颗糖给你时，通常你就会接受糖果，并态度自然地对他回礼说"谢谢"。

因此，如果想要送东西给交情一般的朋友或认识的人，像饼干、糖果这些让人好收下的东西，会比高昂的礼品更有效果。如前面介绍的实验，仅仅用了免费的可乐便能换来彩券销量一样。一般人就算只是接受了他人的滴水之恩，也可能会涌泉相报。

送礼的重点在于"先发制人"且不着痕迹。就算只是送一颗糖果给对方，天天周而复始地做下去，你的行为也会让对方难以忘怀，让对方觉得：咦？那个人好像一直挺关心我的。

手写小纸条，帮你好感大加分

如果想要进一步提高 Give & Give 的效果，不妨试试在你送出的小东西上面，贴上你亲手写下的留言小纸条。

例如当你买了功能饮料，要给忙到昏天黑地、熬夜加班的同事们打气时，在饮料瓶身贴上写着"每天加班辛苦了！一点小心意，请收下"的纸条，然后发给大家。

这种方法在功能饮料的广告中经常可以看到。只是经过这样一道简单的工序，原本普通的功能饮料就摇身一变，成为充满关怀之情的礼物了，我相信它一定能在同事心中留下深刻的印象。

一瓶功能饮料顶多也就 200 日元，然而花费这一点小钱、附上你的留言，就可以为自己争取到许多"自己人"。要记得，执行 Give & Give 时，重点并不在于东西的价格，而是能不能把心意传达到对方的心坎里。

这种附上留言小纸片的礼物所能产生的效果，其实是经过实验证实了的。

实验的地点在一家餐厅里，实验发现，服务生帮顾客结账时，如果在发票、账单背后写上"Thank You"或画上笑脸符号再交给客人，得到的小费就会比平时高出许多。

由此可见，不只是在送小礼物给同事时才需要附上留言小纸条，将工作资料交给同事时，也可以附上留言便笺，这样做可以提升大家对你的好感度。

慰劳有时机，周三最让人感动

如果读者还想进一步提升 Give & Give 的效果，选择一个**容易让对方留下印象的时间点**也很重要。

互惠原理的关键，就在于你给予的方式能否让对方记住你。只要对方脑海中一直留有"从你这儿得到过什么"的记忆，他们心里就会有"将来一定要为你做点什么"的想法。

前面介绍了"送附上留言小纸条的功能饮料给上司或同事"的例子。其实，若想提高赠送慰劳品这个行为的效果，抓对送予的时间点也很重要。先撇开大家都需要加班的情况不讲（这段时间送慰劳品当然有效），正常的周一到周五选一天的话，我推荐周三。

当人在身心都感到疲乏的时候，你做出的亲切行为，最会令人牢记于心。

星期一是一周上班的第一天，就算心里郁郁寡欢，嘀咕着"唉，又要开始一周漫长的工作了"，可是身体经过周末的休养，状况还是挺不错的。相反地，星期五的时候，虽然身心经过了一周的摧残，可是一想到明天就是周末了，反而能让人打起精神来。

从以上可推知，每周正中间的日子——**星期三**，不论是在精神还是肉体上，正是上班族最难熬的一天。因此，在星期三这天为同事奉上功能饮料，尽管一样是 Give & Give，你给大家留下的印象会更深刻一些，取得的效果也最好。

一样的手法，还可以在送人生日礼物或纪念日礼物时使用。

如果你和别人一样，在同一天送礼给寿星，你的礼物和别人的礼物摆在一起，根本就分辨不出来是谁送的。如此一来，你在别人心中留下的印象自然模糊不清。但如果你能在生日三四天前把礼物送出去，你就是那个"唯一"的了。

这么做，对收到礼物的人来说不但是个惊喜，而且他还会对你念念不忘。

所有付出，都会回馈到你身上

就算送出的生日礼物不是给对方，而是给他家人的，也能收到不错的效果。如果你能不动声色地问出对方宠物的生日，就可以在宠物生日当天，把礼物交给宠物的主人。如果对方是爱犬或爱猫人士，怎么可能忘得了你呢？

曾经我在母亲节当天送礼物给一位前辈的母亲，因为这位前辈对我一直很照顾。

"哎呀，我连自己儿子的母亲节礼物都没有收到过呢！"前辈的母亲高兴地收下了我的心意，相信她一定对这次收到礼物的体验难以忘怀。

此外，如果你在公司是前辈，当你把请客的费用交给后辈时，因为时机不同，后辈对你产生的看法也就不同。

举例来说，当你和公司几位年轻员工下班后一起去喝一杯时，如果你拿出 1 万日元给他们，通常只会换来一声普通的

"谢谢"而已。但是如果换成是去吃午餐，情况又会怎么样呢？

由于 1 万日元足以让大家享受到相当丰盛的午餐，所以尽管是同样的金额，可是你在别人心中留下的形象却大不相同。你拿出这笔钱后，你将成为后辈心目中慷慨的前辈，而那几个被你请过客的后辈，也都会把这件事铭记在心。

Give & Give 中的 Give，为什么要重复两次呢？其实这是有原因的。第一个 Give，指的是你送礼给对方；第二个 Give，则是已经成为你"自己人"的他人给你回礼。

POINT

- 送点心或功能饮料等容易收下的小礼物给对方，可以帮自己广结善缘。
- 送礼时附上贴心的留言小纸条，效果更好。
- 选对送礼时机，最让人难以忘怀。

谁认得你比你认识谁更重要

如果说宣传与奉献是收益化的准备阶段，那么第三个重点**贡献**，就是具体的行动了。

一旦你做出了奉献的宣告——我已经准备好为大家服务了，那么贡献就是利用自身兴趣，为他人谋福利的一种行动。

因为我的兴趣是通过书本获得知识，所以会特别留心自己可以利用知识为他人做点什么。

例如，一位工作中认识的朋友和我说："我们公司目前正面临这样的问题，还挺伤脑筋的。"

我便会提供自己所拥有的知识，贡献一己之力帮助对方解决问题。比如给他这样的意见："关于这个问题，有一位心理学家曾经发表过如此学说，我想或许可以供你参考。在他的理论中提到……"

像我这样把握上述的机会，其实也能成为一次绝佳的自我宣传，让对方牢牢记住自己。在听了我的意见后，刚才那位朋友可能就会在心里想：我原本以为 DaiGo 只是个从事表演的人，没想到他还读了这么多关于心理学的书，肚子里还挺有墨水的。

之后，他便有可能帮我向他身边的朋友宣传——DaiGo 确实挺懂得关于商业和人际关系的心理学知识，下次若有什么需要，我帮你们引荐一下。如此一来，便替我与更多人之间建立了联结。

另一方面，为了能够利用自身兴趣为他人做出贡献，你不能只让别人当听众，**认真倾听他人观点**或倾听他人的梦想也是很重要的。

"我创业想做的事情是，为来到日本的外国人，提供一个能够深入了解日本的渠道。"

"当前日本农业从业人口几乎都是高龄者，再这样下去日本农业的发展前景令人担忧，我希望能想尽办法吸引年轻人投入这个领域。"

当你遇见了说着上面这些话、怀揣着梦想的人，你便可以向他们介绍自己的兴趣，并试着想一想，通过你擅长的领域，自己能为他们做点什么。

然后你就可以对他们说："你想做的这件事，我可以用 ×× 方法来助你一臂之力。其实这个方法，我还挺在行的。"

如果你能和那些人发展到这一步，就可以互相脑力激荡，构思生意的点子，并成为商场上的伙伴，互相扶持。如此一来，双方都能为对方的梦想贡献一己之力。

贡献的原点，就在于宣传与奉献。

也就是说，你要采取积极主动的态度，去和身边的每一个人说："我想做这件事！"同时也去倾听对方的梦想，并不忘提醒自己"我也能为对方的梦想贡献力量"。

通过 Give & Give 创造出来的"自己人"接受了你的贡献后，对你持正面评价的人就会越来越多。

达成收益化的 5 个重点，它们之间的关系并非各自独立，而是能够通过相互影响，达到相辅相成的效果。只要持续不断地执行下去，在前进的过程中，收益化的机会自然会来敲门。

物欲和自尊心高低，有何关系？

若你有利用自身兴趣为他人做出贡献的信念，并将其转化为实际行动，便可带来以下三种可喜的"副作用"。

首先，当我们的行动成为他人的助力时，自己所感受到的自我价值和自尊心都会提高。如此一来，会发生什么事呢？答案是可以减少金钱、时间、体力等方面的浪费。

有点意外吧？心理学的研究指出——**自尊心越低的人，越有物质主义（Materialism）的倾向**。这种人喜欢穿戴价格高昂的名牌精品，或开着高级轿车在街上转悠，以此弥补内心缺乏的自尊心。

自尊心高的人则不会这么做，因为他们有我能做到、身边的人都认同我和我有能力帮助别人的自信心。所以就算在物质方面并不充裕，也无须用名牌精品等来填补不足。

关于自尊心和物质主义之间的关系，兰阮·查普林（Lan Nguyen Chaplin）和德博拉·罗德·约翰（Deborah Roedder John）两位心理学家曾做过一个颇有意思的实验。

他们找来一群孩子，先对他们进行关于自尊心的问卷调查，接着让孩子们就"让我感到幸福的事情"这个题目，进行纸拼贴画的创作。

结果显示，自尊心越低的孩子，他们作品的主题越是围绕着自己拥有的东西来表现，也就是表现出利用物质来填补自尊心空缺的倾向。

然后实验进一步将孩子们两两配对分组，让他们把对方的优点写在纸上再交给对方，然后再一次进行纸拼贴画的活动。这一次，"东西"出现在画中的比例就明显减少许多。

通过这个活动，自尊心较低的孩子们了解到原来自己也有优点，这使他们的自信心得到些许提升。由此可见，并非物质主义的倾向让人没有自信，只要提高一个人的自信心（哪怕只是暂时的），就有可能让他远离物质的控制。

同样地，若能实际体验到利用自身兴趣为他人做出贡献的感觉，就能够减少浪费的机会。

利他行为，获得幸福感的绝招

利用自身兴趣为他人贡献力量后，能够得到的第二个可喜的"副作用"是**获得幸福感**。

简单来说，人类是能**通过为他人付出而得到幸福感**的一种生物。

为他人付出是一种利他行为（Altruism），所谓的利他行为并不是大家所理解的那样——非得牺牲自己来照亮别人。

举例来说，当你活用自己的强项，帮助朋友或认识的人排解烦恼，让他们能够早日脱离苦海，之后你就会体验到一种助人的舒畅感。对方松了一口气的表情，会让你觉得自己做了一件有意义的事，你会有一种幸福感。

能够为别人的幸福尽一己之力，这种美好的感觉也同样会联结到你的身上。因此，**利他行为，其实不只能让别人获益，也会让自己有所收获。**

世界上的许多大富豪都是"利他行为"的达人。

看看比尔·盖茨、巴菲特等人，他们将自己的兴趣发挥到极致，通过再投资的金钱螺旋，创造出富可敌国的财富之后，他们无不积极地投身到慈善事业中。

为什么这些大富豪要把钱用在别人身上呢？因为这些贡献，能让他们获得幸福感。

"我的存在对其他人来说具有意义，我拥有帮助别人的能力"这种精神上的满足感，是只会"赚大把钞票"的人无法体验到的。因此，许多大富豪会把金钱投入许多不同的地方，在建立了金钱螺旋之后，就去实践"把钱花在别人身上"这件事。

事实上，研究以如何让人生过得更加充实为主要课题的正向心理学（Positive Psychology）后，就会发现——**把钱花在别人身上，远比把钱花在自己身上，更能够提高自己的幸福指数。**

美国俄勒冈大学的威廉·哈博（William T. Harbaugh）教授曾经做过一个实验，他想知道——人们为了其他人自发地去花钱与以强制征收方式被迫捐出钱两种情形，脑中的活动会有怎样的差异。

在这个实验里，实验方会在受试者的虚拟账户存进 100 美元，然后告诉他们，这 100 美元中有一部分会被当成税金强制征收，用来帮助贫困的人。剩下的余额则可以选择留给自己，或捐赠出去。

从结果来看，无论是捐出去还是留为己用，大脑感知到喜悦时会产生反应的尾状核和伏隔核，都活跃起来了。差别是自发性捐赠的受试者，他们的大脑更加地活跃。

从这个实验可知，不管是强制还是自发行为，只要能用自己的钱来帮助需要的人，对人们来说都是一件开心的事。不过当你是自愿贡献时，则会得到更大的喜悦。

我们没有能力像大富豪一样出手阔绰。可是当我们看到有困难的人时，仍然可以选择用金钱以外的方式来帮助他们。

在这里和各位读者分享一个最近几年在国外颇为盛行的贡献方式——寒冬来临时，把自己不穿的厚外套找出来，附上一张写着"最近天气变冷了，请穿上这件外套暖和暖和吧"的纸条，将它挂在电线杆上。

如此一来，那些无家可归的流浪者就可以穿上这些衣物，抵抗寒冷了。

"我相信自己挂在电线杆上的外套，一定可以为流浪者在寒冬中增添一丝暖意。"仅仅是产生这个念头，就能让一个人体验到幸福的滋味。

当然，如果你通过自己的兴趣帮助他人，会为你带来更大的幸福感。

不论是捐钱还是把外套挂在电线杆上——这种助人的行为，任何一个手上有钱或有一件不穿的外套的人都可以做得到。但如果是利用自身兴趣所积累下来的能力、知识以及人脉来助人，那就成为只有你才能做得到的好事。

如此一来，你将获得无可取代的喜悦。

贡献所能，打响口碑第一步

假设现在你的公司要搭建新网站，在没有预算的情况下，需要找一位能统筹负责文案、设计的人。如果这时你自告奋勇地举手说"我喜欢做设计""写文章是我的强项"，那么这将会是你拓展人脉的大好机会。

因为那些被你利用自身兴趣帮助过的人，在其他场合遇见为了相同事情所烦恼的人时，脑海中一定会浮现出你的脸。

"我们公司里一个同事在设计方面还挺厉害的""我公司一个员工对整合稿件很有一手"，这些人口口相传，你的口碑就被打响了。

这不正是一个互惠原理的实例吗？通过你的兴趣为他人做出贡献，最后从那些接受过你好处的人那里，你得到了比预期更大的回报。

当完成宣传与奉献，而你也确实向身边的人传达出"我很喜欢某件事，而且也十分擅长。目前在思考如何把这件事拿来和工作以及收入作联结"这样的想法后，我相信在你身边的人不会无动于衷，他们都会努力支持你去完成自己的梦想。

我们经常可以在一些喝酒的场合，看到喜欢吹嘘自己认识某某某名人的醉客。然而，"认识某人"和"可以与某人搭上线"完全是两件不同等级的事。

所谓人脉，指的不是你认识谁，而是谁认得你。若想要打开自己的人脉，还得靠别人帮你宣传"这个人挺擅长这件事的，你可以去找他谈谈"才行。

因此，善用兴趣、专长来为他人做出贡献，从结果来看，能让你在此过程中收获自己的人脉，这就是属于你无可取代的财富。

POINT

■ 利用自身兴趣为他人做出贡献，也是自我宣传。

■ 倾听对方的梦想，在能力范围内助他人一臂之力。

■ 利用自己的强项，成为别人的力量，打造属于你的
　人脉。

强连带可靠，弱连带更具优势

任职于斯坦福大学的社会学家马克·格兰诺维特（Mark Granovetter）教授，曾对刚转职不久的专业人士、技术工和管理员，进行过一项关于"新工作的信息是从何得来"的研究调查。

结果显示，只有 17% 的受访者是从强连带[1]（Strong Ties）那里得到换工作的相关信息的；反之，从弱连带（Weak Ties）得到信息的却占了 28%，也就是说，**因弱连带得到下一份工作的人较多。**

强连带，指的是家人、恋人、亲人、学生时代的朋友、有来往的同事等。而弱连带指的则是过去生意往来上认识的其他公司老板、因孩子认识的妈妈友或爸爸友、附近邻居、兴趣团体或参加活动时结识的人等等。

乍看之下，和弱连带相比，强连带的人际网络似乎比较可靠。的确，在日常生活中，对我们伸出援手、提供帮助的，通

1　译注：有些地方翻译成"强联结"；与之相对的是"弱连带"或"弱联结"。

常是和自己比较亲近的人。

可是，这些属于强连带的人，生活及工作环境多与你类似。也就是说，你想要以自身兴趣为突破口、走进新世界，应该去目前所处社群以外的地方发现机会。这时和你身处在不同环境中的弱连带，就有可能成为你的助力。

让我们拿前面买演唱会门票的例子来说明，假设你想要去听的那场演唱会的门票，采用的是抽选制贩卖方式。

为了增加被抽中的概率，除了自己上网报名参加抽选之外，你一定会动员亲朋好友上网报名，来帮自己增加机会。然而，其实有更进阶的方法——用尽各种关系，直接从那位歌手或举办活动的相关人士那里拿到票，这才是最有效率的方法。

寻求有效关系，关键在于自己究竟有多少门路可以使用。对于平日就很细心维护自己弱连带的人来说，他手中可用的活棋自然不少。其中或许就会出现一个人对你说："我有一位朋友，他刚好认识那位歌手经纪公司里的人，我帮你问问看有没有办法拿到这场演唱会的门票！以前总是承蒙您的关照，这件事就交给我来处理！"

如何在弱连带的人里面，为自己创造出类似"以前总是承蒙您的关照，这件事就交给我来处理"的机会，就是接下来要谈的第四个重点。

弱连带，人脉的最大可能

在我们进入弱连带这个主题之前，首先我想问个问题——目前和你维持友谊关系的人共有几位呢？

朋友、认识的人、公司的同事、学生时代的死党等，除了亲人以外，请你回想一下每个人的长相，面目清晰的有几位呢？

英国人类学家罗宾·邓巴（Robin Dunbar）教授根据他的研究，提出了一个人所能维持的人际关系数量为150人这个理论。这个数字以教授的名字命名，称为**邓巴数**（Dunbar's Number）。邓巴教授认为：150这个数字，是我们和其他人能够维持稳定关系的个体认知上限。

附带一提，这个研究其实是以猴子群体为对象进行的，邓巴教授是通过大脑新皮质（Neocortex）的大小导出这个数字的。

也就是说，根据我们大脑的机能，能够定期取得联系、维持交友关系的人数上限为150人。

按这个理论来看，弱连带所涵盖的范围其实并不算广，你能够深入交往的朋友，最多也就是150人。这个数字约为校园中4个班级的人数；如果是一家大公司，和你同期进公司的人差不多也是这个数字。

这样一来，就更突显出宣传与奉献和 Give & Give 的重要性。

虽然你能够维持稳定联系的只有 150 人，可是这里面的每一个人都有另外 150 人的弱连带。或许你所熟悉的人只有 150 位，可是认识你的人并不受邓巴数的限制，而这部分是可以经营开拓的。

所以说，自己认识多少人，远不如被多少人认识来得重要。通过宣传自己喜欢和擅长的事物，传递出愿意为大家提供服务（贡献）的信息，在日常生活中不断去实践（给予）。如此一来，你的弱连带数量，一定可以远远超过邓巴数所提出的界限。

活用再联结，中断连带能重建

另外，我们可以使用**再联结**（Reconnection）的方式，修复中断的连带，维持和他人的弱连带关系。

做法很简单，只要记住对方的**脸**、**名字**和**特征**（例如家族成员、喜欢做什么、擅长什么事情等）这三项重点就够了。当你和初次见面的人自我介绍完之后，请不要只在脑中保存浅浅的印象，而是要用笔记本、名片或手机的记事 APP 等，记下关于对方的信息。

这种做法看起来和那些干练业务员所做的事情并没有两样，但是在商场上，那些善于利用人际关系的高手，无不熟习再联结的手法。

当你遇到好久不见的朋友，请尽量在与他寒暄时提起他另一半的名字："×× 最近过得如何呢"，或者是他孩子的名字："×× 今年几岁了啊"，又或者，说出对方感兴趣的话题："最近都去哪里打高尔夫球"等等。只要对话中加上这些简单的词组，就可以瞬间拉近彼此在没有见面这段时间里所产生的距离感。

根据邓巴教授提出的理论——一个人能定期取得联系，维持友谊关系的人数为 150 人。在弱连带外围，其实有不少目前虽然没有联系，但却曾经相识的友人。

用当下比较流行的话来说，就是指那些虽然名字还仍停留在社交网络平台的好友名单上，彼此偶尔也会互通一下有无，但是距离上次见面，已经过了四五年……这样的朋友。

这种关系如果继续放任不管，彼此之间的连带感就会越来越弱。但只要我们能记住再联结的三个重点，并加以实践，便能够很快再和对方取得联系。

当遇上疑难杂症或需要解决的事时，我们常常会立刻想到：那个人好像对这件事很拿手。然后心想：或许他会愿意在这件事情上帮我个忙。紧接着就着手和他联系，这就是去实践再联结了。

善用弱连带的人都有一个共同特征，就是深谙再联结的道理。

如果你能利用宣传与奉献和 Give & Give 来提高自己的知名度，就能增加那些善用再联结的人找到你的概率。

另外，如果你也亲自去实践再联结，那么它将是你把自身兴趣收益化的一大助力。

请记住，**金钱是从弱连带里生出来的**。

POINT

■ 弱连带可带来财富，重要性不可忽视。

■ 被多少人认识，远比认识多少人重要。

■ 见过面的人，要把他们的脸、名字、特征记录下来。

4 大联想训练，打造致富直觉力

这个世界上有两种类型的人，一类是能够主动抓住机会的人，另一类是会让已经注意到或尚未注意到的机会从眼前溜走的人。

在前面几节中，你已经学会通过宣传与奉献让身边的人都知道自己存在的这个本领；又能通过 Give & Give 提升大家对你的好感度，并利用贡献来展现自身实力。现在机会正从弱连带人际网络的另一头朝着你而来。

当机会出现在面前时，你可以毫不犹豫地拿下它吗？

达成收益化的第五个重点——**直觉**。能够主动迈步向前抓住机会的人，一定都对直觉的力量深信不疑。

直觉是每个人与生俱来的能力，而且已经有心理实验可以支持这个说法。在执行这个实验的过程中，受试者依序以每次 1.5 秒的速度，观看两张照片。

一开始先给受试者看一张人像照片，1.5 秒后画面会变成全白状态，然后出现人像戴眼镜的照片，并在 1.5 秒之后消失。

看完两张照片后，实验方会问受试者："你注意到两张照片中有什么不一样的地方吗？"

两张照片之间只是有无戴眼镜的差别，本来不论是谁都能够马上注意到，然而 1.5 秒→全白画面→1.5 秒，这样的节奏相当快速，很多人在瞬间是反应不过来的。

接下来发现的现象才是重点，受试者就算没能找出哪里发生了改变，他们也都注意到了两张照片中应该"有哪里不太一样"。实验方把照片换成图画或其他较小的对象，经过反复测试后得到的结果都是这样。

虽然受试者明显感觉到了变化，但是无法具体指出是哪里改变了。隐藏在这个现象背后的就是直觉。

直觉虽然让人们感知到变化的存在，却不能明确地指出到底哪里不一样。这是因为，人类的大脑在发挥直觉时作用的部位与盯着某样东西看做出判断的部位，是两个完全不同的区域。

经过理性思考、深思熟虑后采取行动和凭借直觉来决定一件事情，两者在人类脑中的信息处理路径完全不同。这个现象是由美国范德堡大学（Vanderbilt University）的研究团队发现的。这个研究团队扫描人类大脑的运作过程，发现当人们靠直觉来做决定时，会无视理性思考的路径。

直觉，目前是有实验依据的

读者可能会很紧张，靠直觉做的判断或决定，如果出错了该怎么办。其实不用担心，因为依靠直觉做出的判断，常常是正确的。

以色列大学曾做过如下实验：

他们采取的实验方式和前面提过的照片实验不同，他们在屏幕的左右两侧，连续且快速地打出两组数字。结束后，实验方会问受试者："左右两边的数字，哪一边的平均值比较大？"

由于数字显示的时间很短，受试者根本无法去记忆或计算。尽管如此，实验 6 组数字后，正确率为 65%；进行 24 组后，正确率更会向上攀升到 90%。

这个实验结果显示，当人类的意识和理性都派不上用场时，会利用直觉判断来做出正确选择。这就像当我们的手碰触到高温的物体，脑中不会先想"这东西好烫，不把手拿开会受伤的"，而是马上喊出"好烫"，然后把手移开。

有时我们会对第一次见面的人产生"这个人应该很好相处"的感觉——当然也有可能产生"这个人应该很难相处"的感觉。请回顾你过往的经历，这种直觉印象是不是其实还挺准的呢。

在与应该很难相处的人实际接触了一段时间之后，你是否常常有"果然不出我所料"的感觉？当然，那些让你觉得应该很好相处的人，在接触了一段时间之后，大部分也会给你这个人的确很不错的感受。

换句话说，与生俱来的直觉，是为了保护人类而进化的感知能力。在大部分的情况下，直觉会引导我们往正确的方向前进，不但如此，它还能在通往收益化的过程中为你指路。

抉择点当前，直觉是最好的解答

对自己充满自信，无惧尝试、态度积极的人，在做决定时总是干脆利落。在力求谨慎的人眼里，这些人虽然能够当机立断，但行动却往往让人看了直冒冷汗。事实上，他们不过是在遵循自己的直觉行事罢了。

另外，"到底该怎么做抉择才好？虽然感觉这是一次不错的机会，但还是不要贸然行事比较好吧？""的确，直觉告诉我应该把握这次机会，但事情哪有百分之百尽如人意的？"对于这样优柔寡断的人，只会错过好不容易发现的机会。

原本你心里有觉得还不错的事情，往往在经过有意识、理论性的思考之后，被一堆消极的想法否定。这种思考习惯一旦定型，不论你如何努力，也达不到兴趣的程度，能够达成收益化的机会，也就全飞了。

所以犹豫不决时，就相信自己的直觉吧！拥有这种想法的人，才能抓住眼前的机会。

身为记者和社会心理学家，同时也是《Blink 决断 2 秒间》（*Blink: The Power of Thinking Without Thinking*）的作者马尔科姆·格拉德威尔（Malcolm Gladwell）曾说过："仅凭瞬间判断和第一印象，人就能了解情况。而不假思索就做出的判断和花时间推敲出的结论，并无法去断定孰优孰劣。"

实际上，能够在找工作时选择适合自己的职业，或目前所从事的正是自己喜欢的工作之人，将他们和并非从事自己喜欢的工作之人相比，有超过 20% 的人，在求职时选择凭直觉。

另外，新西兰奥塔哥大学（University of Otago）的研究也显示，在需要特殊知识和分析超出能力范围之事物时，凭直觉行事通常是正确的选择。

在这个研究中，受试者被要求预测篮球比赛的输赢结果。

一部分的受试者用逻辑推理来选出他们认为会赢球的球队；另一部分受试者则用个人好恶或球队名，全凭感觉来选择球队。结果，利用推理分析选出获胜球队的正确率为 65%，但只凭感觉做选择的正确率却高达 70%。

不管从事哪一个行业，当我们要在一件事情上做出决定时，通常都必须说明做这个决定的理由，这时就需要准备大量数据和证据来支持自己。

但是通过直觉瞬间形成的判断和我们花费大量时间才得出来的结论相比，竟然毫不逊色。这或许代表人们应该试着去尊重这种难以言喻的直觉，并接受很多情况下，跟着感觉走反而能让事情圆满解决。

想太多容易让人裹足不前。当你面临"将自己喜欢和擅长的事物变成机会"的抉择点时，请相信直觉。小心翼翼只会让机会从手中溜走，使你在原地打转。

4 大联想训练，游戏中锻炼直觉力

虽然直觉是人类与生俱来、任何人都拥有的能力，可是进入社会以后，周围的环境经常要求我们把常识作为判断事情的标准。时间久了，原生能力也就跟着退化。

该如何做才能重新找回自己的直觉呢？事实上，我们的周围就有一些小游戏，这些小游戏是用来训练直觉的好方法。

以色列的希伯来大学（Hebrew University）以及本·古里安大学（Ben-Gurion University）的研究团队经实验后发现，如果每天早上或晚上，花一两个小时来玩这些游戏，只要持续 10

天，从认知心理学上就可以得出直觉力提升的结论。

而且这个研究团队指出，经过 10 天的训练，获得提升的直觉力可以维持 4 个月不退化。

需要提醒你的是，这里所指的游戏并非手机或电视游戏机里的游戏，而是传统的桌上、纸牌游戏。

这类游戏需要有对手，在思考下一步该怎么走、该做什么选择时有时间上的限制——只要符合上述这几个条件的游戏，都可用来提升直觉力。靠直觉做判断，在不断做决定的过程中，退化的直觉又会再一次苏醒。

除了上述游戏，希伯来大学和本·古里安大学研究团队还特别介绍了 4 个游戏。

第一个游戏是**遇到外星人**。这是一个假设自己遇到语言不通，无法以对话沟通的外星人时，该怎么做才能把想传达的事情让外星人理解的游戏。这个游戏经常出现在综艺节目里，与"我比你猜"游戏类似。

由你扮演外星人，游戏搭档扮演想把内容传达给外星人知道的地球人，利用非言语的方式来做信息交流。到底该怎么做呢？这时便可以靠直觉来判断，然后比画出动作。利用这个游戏，可以自然地训练自己的直觉。

第二个游戏是**怎么会有这种事**。假设早上起床后，你发现自己的身体比昨天大了三倍。请想想看，这种体形的优点和缺点各是什么？突然变得如此高大，自己在说话时能更有分量，这一点能给你在工作上加分。然而因为体形过大，目前的床铺根本睡不下，只能花钱买新的了……就像这样，把不可能发生的事当成主题，让自己天马行空地想象一下吧。

第三个游戏是**取名字**。在进行这个游戏前，要先准备好纸和笔，然后闭上眼睛，让笔尖恣意地在纸上游走作画。当你完成一幅"大作"后，请为它取个名字。然后把你看到这幅画时，脑海中瞬间闪现的那个词写下来，这样就能锻炼直觉了。

第四个游戏是**找到替代品**。这个游戏是将放在身边、经常使用的东西拿在手上，进行脑筋急转弯，想出和这个东西原来功能不同的用途。

举例来说，我们吃意大利面的叉子还有其他的用途吗？例如可以用来当画笔使用；它可以弯曲，能够拿来表演魔术；用手指弹叉子一端，它就会转动，然后可以将叉子停止转动后所指示的方向，当成好运的方位；可以用它来按摩穴道；等等。然后把每个瞬间闪现的用途都记录下来。

进行这个游戏时尽量不要用大脑思考太多，看起来越是荒诞无稽的想法，越能刺激我们的直觉。

史蒂夫·乔布斯和比尔·盖茨两人都很**重视自己的直觉**。

当一个绝妙的点子浮现在脑海中，你能否相信自己的直觉，立刻将它化为行动？这将成为你能否取得成功的关键因素之一。为了不让收益化的机会稍纵即逝，我们需要锻炼自己的直觉。

POINT

■ 当机会来临时，请相信自己的直觉，勇敢迈步向前。

■ 活用游戏锻炼直觉力，判断正确率高达七成。

专栏

钱为何不够花？物欲测验有答案

只要做一次物质主义测验，就可以让你明白自己有多容易受到外在物质的诱惑，或者你认为需要填满多少物欲，才能得到满足。

下面有 10 个问题，请你结合自己的情况，从 1 到 5 打分。

相当符合你的情况就打 5 分，不符合情况的则打 1 分，如果不属于任何一边就打 3 分。作答时请不要想太多，凭直觉选择即可，这样得到的结果准确性会比较高。

物质主义测验如下：

问题一	仰慕那些坐拥高级轿车和豪宅的人。
问题二	用买到的东西来评断人生是否成功。
问题三	就算是生活中需要程度不高的东西也想买下来。
问题四	拥有更多价格高昂的名牌精品，就能让自己幸福。
问题五	得不到自己想要的价格高昂的商品时，情绪会变得很烦躁。
问题六	喜欢自己被奢侈品围绕着的感觉。
问题七	买下价格高昂的东西能让自己得到满足。

问题八 对物质的追求与执着，超过对朋友和家人关心的程度。

问题九 愿意花大价钱买名牌的东西。

问题十 想要得到让别人一看就羡慕你的东西。

先完成测验，计算得分再来看解读吧。得到 10 ～ 20 分的人，属于低物质主义；21 ～ 40 分是普通范围；41 ～ 50 分的人则是高物质主义。

在这个测验中获得分数越高的人，表示越渴望拥有豪宅、名车，并会通过购买价格昂贵的商品来证明自己的成功。那些超过目前购买能力的价格高昂的名牌精品，则会成为他们备感挫折的来源。

得分超过 41 分的人是超物质主义者，他们会用身上拥有的东西，衡量自己以及身边的人是否为成功人士。因为这种人并不清楚自己有什么能耐，只是不断地想要出人头地，因此对金钱的欲望没有止境。

这种人虽然拥有不错的赚钱能力，但因为在金钱的使用方法上有问题，所以想要得到幸福并不容易。

得分在 21 ～ 40 的人，以 30 分为中间值作分界，分为物质主义稍高和物质主义稍低两个群体。属于这两个群体里的人，大多能在赚钱和花钱上取得平衡，较少卷入麻烦的金钱问题中。

另外，得分在 10 ～ 20 的人，是物质主义较低的群体。由于如何赚钱不是他们所关心的事，所以一旦急需用钱，很有可能让他们的生活顿时陷入困境。

关于这个物质主义测验还有一个值得注意的地方，如果今天有钱进账，这时候来做这个测验，会得到不同的结果。例如，将测验日期定在拿到分红奖金当天，得到的结果便会倾向物质主义者那一边。

每个人都会因为环境的变化，而受到强烈的影响。如果你是在一个没什么变化、再普通不过的日子里做这个测验，我建议你可以在想象买大乐透中了 3 亿日元的场景后，再来做它。

特别是那些得分在 21 ～ 40 的人，应该会得到更高的分数。

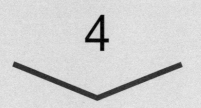

7 原则不踩禁忌，
钱花在刀刃上

再让我们复习一次建立金钱螺旋的 4 个步骤吧。

- **步骤** 1：找到自己真正的兴趣。
- **步骤** 2：彻底投入自己的兴趣之中。
- **步骤** 3：想方设法将兴趣和收入联结。
- **步骤** 4：从兴趣中获得收入，再投资。

其中，关于在第 3 章中出现过的"步骤 3：想方设法将兴趣和收入联结"这一项，我已提出了 5 个重点来说明。

如何将喜欢和擅长的事情收益化？我相信你一定可以从那 5 个重点中，找出适合你的赚钱方式。

本章的主题——步骤 4：从兴趣中获得收入，再投资。

这是能联结到下一个收入的用钱方式，步骤 4 也是推动金钱螺旋 4 个步骤的最后一个阶段。

当你开始转动金钱螺旋，我希望你能在脑海中将其具象化。要知道，金钱螺旋并不是一个在原地转圈的圆，而是像螺旋阶梯一样，需要绕着往上爬。

请想象一下，这个圆的大小会随着你爬升的高度而改变，越往上走圆就越大，它的样子就像一个倒过来的圆锥状螺旋阶梯。

我们不用实际做出这个倒圆锥，只要在脑海中好好地将它具象化就行了。

我希望你放在心上的重点，是把兴趣所得的收入，用在精进自己在这方面的知识和技术上，增加为大家服务（贡献）的机会，并在弱连带中提高知名度。只要这么做，志同道合的人就会出现在你身边，进一步强化你赚钱的能力。

以副业的方式，利用兴趣帮自己每个月多赚几千日元的零用钱，这种做法不过是在同一个地方转圈的圆。如果这样你就已经满足了，我也没什么好说的。但我在心中所描绘、想推荐给你的金钱螺旋，是以自身兴趣为轴心，能真正实践的新生活形态。

为了实现这个目标，我们需要将收入花在自己身上，进行再投资。本章我将和你分享，利用兴趣所得的收入进行再投资的 7 个原则，如下：

1. 买经验，比买喜欢更重要。

2. 购买价值大于价格的东西。

3. 把钱花在买书上。

4. 把钱花在别人身上。

5. 把钱拿来打造一个值得信赖的团队。

6. 为了减少麻烦事，花钱买时间。

7. 把钱投入能让力量最大化的组合中。

接下来就让我们用兴趣所赚到的钱，与下一个更好的收入进行联结。我会从"买经验比买东西更重要"这一项开始，为你详细说明这 7 大原则。

POINT

■ 金钱螺旋越向上转，可能性和收入就越高。

■ 金钱螺旋是以自身兴趣为轴心，能真正实践的新生活形态。

买经验，比买喜欢更重要

走在实现金钱螺旋的道路上，最大的禁忌就是把钱投入与自己喜欢和擅长的事物没有关系的地方。

假设你已经通过兴趣展开了新的商业模式，帮自己赚到 10 万日元。如果这笔资金，没有再投资到喜欢和擅长的事物上，而是买了一块自己心仪已久的手表，那就只是一种自我犒赏的浪费而已。

确实，每个人都需要偶尔犒赏自己一下。但如果目前尚处在金钱螺旋刚开始转动的关键时刻，对你来说最重要的，应该是把喜欢和擅长的事物进行收益化，创造一个能够提高收入的环境。

因此相较于花钱买东西，你更应该**把钱用于延展、精进自己的兴趣与专长上**。

从上面的例子来看，假使手表是你喜欢和擅长的事物，那么就照自己的意思去做吧。

如果你为了和手表大亨见一面，或想要目睹真正的奢侈手表市场，才不惜重金造访欧美国家，那么这笔钱就成为增加自已知识和经验的投资了。

以上就是原则一——买经验比买东西更重要的基本思考方式。

花钱买尊重，中断金钱螺旋的危险行为

在每个人身上，其实都潜藏着阻碍我们实践买经验比买东西更重要这一原则的本能。这个本能就是希望从别人那里满足受尊重的需求。

受尊重的需求最麻烦的地方在于，可以通过花钱买东西这个行为，来满足它一时的需要。这一点有时候甚至可能中断金钱螺旋的运作。

"那个人真厉害""一看就是个事业有成的人"——许多人都希望身边的人能这么看自己，渴望大家能认同自己存在的价值。这种受尊重的需求，或多或少都存在于每个人的身上。

而为了向其他人展示自己的厉害和成功，又快又简单的方法就是花钱买一些能够炫耀的东西。

开着豪华跑车转悠，手腕上戴着高级手表，脚上穿着名贵鞋子，身上佩戴名牌流行配件……许多人都认为，只需要把自己的行头稍微改变一下，就可以用简单易行的方式，向身边的

人宣告——我的收入买得起这么高档的轿车，在社会上称得上是一位成功人士了吧！

尽管如此，有些买这些高级精品的人，其实对这些实体的东西并不是真的在意。他们只是觉得昂贵的东西一定有其价值，而非出自喜欢或想要而去买高级轿车。

他们的目的很简单，就是想要满足受尊重的需求而已。一旦跳进了这个循环，人们就很难再把钱投资于自身兴趣上，他们优先考虑的事情将变成花钱购买满足受尊重需求的东西。

更有甚者，有些人还把满足受尊重的需求当成人生的目标，从而放弃自己真正的兴趣。若是到了这步田地，金钱螺旋就算想转也转不起来了。

因此，花钱购买一些价格高昂的商品之前，请不要忘记先好好地和自己对话：我想买这个东西的理由，会不会只是为了满足自己受尊重的需求而已？

请不要误会，我这番言论并非认为花钱买贵的东西就不好。如果通过这笔消费，能够增进你的兴趣，而且得到的回报比付出的还要丰富，那当然是多多益善。

唯有投资兴趣，才能转动金钱螺旋

在商场，有时我们会遇到一些人，一看就知道很需要满足受尊重的需求。

我曾听说过，有一位独立开设创投公司的老板，在他的生意终于要步上正轨、处于即将更上层楼的成长期时，他向金融机构借了钱，在东京地价最高的地段设立了豪华办公室。

如果能够见他一面，我真想当面请教："你想做的生意，和在东京地价最高的地方设立一间豪华办公室，这之间有什么关联吗？"通过提供的商品和服务，让自己的公司成为市场中不可或缺的存在，这应该才是经营者要努力追求的目标。

公司通过提高商品和服务的价值抓住顾客需求、增加公司的营收，然后将赚到的钱，对商品和服务进行提高价值的再投资——如果能这么做，公司得到的好评肯定会更多，业绩长红自不在话下。一家公司若能这样运作下去，它就搭上了金钱螺旋的正向螺旋，开始转动起来了。

明明还处在前一个阶段，就想着"早点让大家都看到我在社会上已经取得成功的样子"的公司负责人，把钱花在满足自身受尊重的需求上，对转动金钱螺旋并不会带来太多帮助。

受尊重的需求最可怕的地方在于，无论砸了多少钱进去，它就像个无底洞，无论如何也填不满。就算能得到一时的满足，豪华轿车之上还有超豪华轿车，高级手表之上还有超高级手表，而比自己公司办公室还气派的办公室更是比比皆是。

假如有个公司老板认为把办公室设在东京地价最高的地段，就能得到大家对他的尊敬，那么我只想告诉他：你想太多了。

如果真想在受尊重的需求这个无底洞继续玩下去，可以考虑打造更浮夸的办公室，或做一些让人侧目的行为，来博取各家媒体的版面。但这除了在炫耀行为上加码之外，别无他途。

说了这么多，还是要劝你把钱投资在自身喜欢和擅长的事物上。唯有这么做，才能转动金钱螺旋。

一旦身陷受尊重的需求，我们就会把白花花的银子全花在不适当的地方。如此一来，不论你多会赚钱，都像是把水装进有漏洞的桶里一样，钱刚流进来，又从漏洞流了出去。

别再把钱花在满足受尊重的需求这件事情上了。这么做就像在追逐一个永远无法达成的梦想，只会累死自己。

什么是购物的快乐水车效应？

在追求幸福感这件事情上，我仍然建议你花钱**买经验**而非**买东西**。这么说是有根据的，最新的心理学研究便指出，花一笔钱去买东西，和用相同金额的钱去积累自身经验，二者相比，后者比较能让人感到幸福。

心理学家利夫·万博文（Leaf van Boven）以及托马斯·吉洛维奇（Thomas Gilovich）在他们的论文"To Do or to Have?"中，介绍了一个检视人们在做一件事或拥有一件物品时，心情波动程度的实验。

两个实验组的差异在于花钱买东西或花钱买体验。受试者写出一个个项目后，依它们对心情带来的波动程度打上分数。

结果显示，体验更能给人留下深刻的印象，并使人感到兴奋。

虽然并非所有的体验都令人感到愉快，例如从度假地点回程的飞机停飞这件事——尽管这个意外事件影响到你归途的心情，但是随着时间流逝，脑海中留下的还是旅途上美好的记忆。

如果有共同经历这段在机场等候班机的朋友，那么下次见面时，这个插曲就成了彼此共同的话题。倘若和你一起等待的人是未来的另一半，这件事甚至值得载入家族史。其他类似的例子还有在毕业旅行的夜晚去捉弄同学，或学生时代尝试过的小冒险等。

相比之下，花钱买东西只能在瞬间带给我们激昂的情绪，当这些东西长时间待在自己的身边，它们的价值便会递减。然而即使是在体验里出现过的不愉快，日后都会通过大脑装点成为令人开怀大笑的美好回忆，深深地刻画在我们的脑海中。

无论从长期还是短期的角度来看，体验能带给人的幸福感都比较高。

虽然不少人认为，体验只能带给人弹指之间的快乐，实际上，它能带给我们更多的幸福感和长时间不变的价值感。

此外，人们很容易就会习惯到手的幸福。假设你买了一套和之前相比更宽敞的房子，当你搬过去之后发现，那里是一个高级住宅区，每一个邻居都比自己要富有，这时你对金钱的渴望就会提高。

当幸福感逐渐消失，便会进一步刺激人们的欲望。这个现象称作快乐水车（Hedonic Treadmill），它和受尊重的需求一样，都属于不易挣脱与弱化的欲望。

钱会越花越少，但技术却越用越纯熟

我始终认为**知识、经验和技术，是一个人最大的财富**。虽然钱只会越花越少，但知识、经验和技术却会越用越纯熟。

我们身上的钱有可能被他人骗走或抢走，但是知识、经验和技术只会存在于你的脑海中，是任谁也夺不走的东西。就算今天你落魄到身无分文，还是可以利用自己的知识、经验和技术东山再起。

椎名林檎在《满满的财富》这首歌曲的歌词中写道："我们手中的财富是看不到的，无人可掠夺也无从破坏。"

对我来说，知识、经验和技术正是他人抢不走也破坏不了的满满的财富。而能够提升知识、经验和技术的，莫过于实际的体验了。

POINT

- 与其把钱花在买东西上，不如用在积累自己的兴趣经验上。
- 把钱拿来买高级轿车或珠宝饰品，对自己没有任何帮助。
- 你的知识和技术，才是任何人都拿不走的财富。

购买价值大于价格的东西

第二个原则是**购买价值大于价格的东西**。最好买那种能够连本带利赚回来的东西。

巴菲特曾说过："价格是购买商品时所支付的钱；价值则是买了某样商品后所获得的东西。"[1] 想要聪明地用钱，就不能只是盯着价格的高低，应该要考虑的是这个东西能为自己创造多少价值。

东西不是越贵就越高级，我们应该思考"如何利用这个价格为自己带来更多价值"。买到便宜的东西并不算赚到了，而是该想想，你从这里头得到多少价值。

从再投资的角度来说，假设今天我投入了 10 万日元，最后能获得超过 10 万日元的价值回报，那么这就是一笔有效的投资。另外，如果因为舍不得把 10 万日元拿出来投资在该花的地方，这笔钱虽然还是原原本本留在你身边，可是却无法产生超过它价格的价值。

---

1 译注：出自《沃伦·巴菲特如是说》（*Warren Buffett Speaks*）。

因此，进行审慎投资就显得相当重要了，请不要浪费一毛钱在无法和价值发生连带关系的东西或体验上。

只要你能这样想，就已经具备"获得比投资金额更多的回报"这样的观念了。在把自己喜欢和擅长的事物联结到工作和收入上后，这种观念将会成为你做事的大原则。

如果你在自身兴趣上投入了 500 万日元，却只收回了 50 万日元，你大可以安慰自己有回报总比没有好，但是从目标——将兴趣进行收益化来看，这并不是一项成功的生意。

我们最终的目的只有一个，就是利用自己喜欢的事物，打造出能够持续获利的金钱螺旋。把钱花在撑场面或满足一时欢愉的事情上一点意义也没有。

经营公司或企业时，道理也是一样的，投资在研究开发、设备更新及宣传上的费用，如果不能通过营收补回来，想要达成永续经营不啻是痴人说梦，金钱螺旋当然也无法运转下去。

所以最重要的是，你要具备"只要花了钱就要获得比付出金额更多的回报"这样的观念。至于该怎么做才能获得收益，这正是我们需要不断去思考的事情。

养成这个观念后，除了用于投资兴趣，还能活用在其他地方。

例如，日常生活中买衣服，或为了得到某种体验，花钱报名一个旅行团，如果能够习惯性地反问自己：我能不能从花出去的这笔钱中，多少获得一些回报呢？这样的话，自然而然就能减少浪费的发生。

炫耀式购物，让你越买越贫穷

这里还有另一个重要的观念，希望你也一并记住——**不要把钱投资在看起来连老本都会赔进去的事情上。**

假设我要买一块手表，而手表与我感兴趣的书和知识等没有任何关联性，那么物美价廉的也就够用了。更何况现在可以用手机看时间，有没有手表都无所谓。

然而在现实社会中，就存在着这种人，他们会从对方腕上的手表等级，臆测此人的收入和能力。

这种人要去给公司物色经营顾问时，便会特别注意对方手上戴的是廉价手表还是某品牌的手表，一块最少也要 100 万日元的那种。

面对手上戴着廉价表的顾问时，他在心里会想：关于公司经营的事，找他商量妥当吗？然后一阵不安袭上心头。但若是手上戴着高级表的顾问，他就会认为：看起来就会赚钱，能赚钱就表示有能力，找他来当公司的顾问吧！

尽管如此，我还是想告诉你——我们没有附和这种价值观的必要。除非买一块 100 万日元的手表，就能让你拿下好几个公司的顾问案，创造出数倍营收。只有在这种情况下，花 100万日元买手表，才算得上是一件有意义的行为。

但若你买来佩戴在身上的名牌精品，只是为了让他人觉得你的土豪品位真吓人，不但无法收回任何投资，还会造成不能带来任何产值的浪费。

由于不管我有没有戴手表，都不会影响来找我做咨询的案件数量，所以我不会把钱花在买表这件事情上。

如果今天是我想要买一块手表，购买前我便会先好好思考：买下这块表，能为我带来多少回报？

如果能够得到不错的回报我就买，若非如此，这件事就暂时搁下吧。一旦花钱买了一块表，我绝对会想方设法，让自己从中获得的价值超过所付出的金钱。

善用网络再联结，弱连带立刻启动

相同的思考模式，也可以套用在旅行这类个人兴趣上。因为大多数的人都是被工作单位允许休假后才能出门旅行，所以一般来说在这段时间内是不赚钱的。因此才会有那么多人为了出去玩，平日必须拼命攒钱。换言之，旅行就是在烧钱，没错吧？

但就算是出去走走，你仍可以想想：在这趟旅行中，能得到什么有价值的事物？

前些日子，当想去旅行的心又蠢蠢欲动时，我开始上网搜集资料，意外发现了一位很有意思的人物。

这位朋友在脱离了上班族生活后，一直在世界各地旅行。看到这里，你是否会想：他应该存了一笔能够支付这段漫长旅程的钱吧？然而，事实并非如此。

在旅行中，他不断更新博客日记，靠着广告收入来维持他的旅行。而且他一直将旅途中的支出，压缩在从博客广告得到的收入之下。因此，他才能够继续从事自己最喜欢的事情。这种做法不正是"金钱→兴趣→工作→金钱"的金钱螺旋循环吗？

我们也可以在自己的旅途中设定一些有趣的目标，比如在旅行途中认识 10 个人——这听起来不错吧？把目光放远，你可以期待将来，得到比当下金钱收益更大的回报。毕竟若你每次都把在旅行途中认识 10 个人当成旅行的目标，只要去旅行 10 次，你在世界上就多了 100 个人的人际网络。

在未来的某个时间点，这个人际网络一定能为你带来巨大的价值。更何况现在还有如此便捷的网络，想要维持和这些友人之间的弱连带，可以说是易如反掌。

就算今天是在小酌一杯时认识了新朋友，你同样可以活用这些新的连带关系，试着构思新的合作机会。另外，还能把在旅行和购物时，遇见的人、感受到的事，当成给自己的灵感，用它来想出些有意思的企划案来。

就算是在休闲放松的时候，也应该提醒自己，心情要保持在**一半游戏、一半工作**的状态才行。只有这样，才能培养自己把纷至沓来的事情和工作结合在一起的能力。

POINT

■ 要有"一定要得到比投资金额更多的回报"的观念。

■ 不要把钱投资在看起来连老本都会赔进去的事情上。

把钱花在买书上

第三个原则是**把钱花在买书上**。

看到这里，读者或许已经发现——这第三个原则不就是 DaiGo 最喜欢做的事情吗？说对了，不过，如果将"把钱花在买书上"换成"在自己用来作为判断价值的标准上花钱"，这样的说法也算成立。

假设有一位文学研究者，在二手书店里东翻西找，终于发现了一本梦寐以求、一直遍寻不着的古典名著，标价 10 万日元。

这位文学研究者想必会压抑着兴奋大叫道："天啊！这么贵重的书籍竟然只卖 10 万日元，真是挖到宝了！"然后马上走到柜台去结账。

但如果是一位对文学没有任何兴趣的人，在二手书店里发现了这本被厚厚的灰尘笼罩的书，试问他有能力去分辨，10 万日元这个价格究竟是高还是低吗？

文学研究者的大脑之所以能在发现这本书的当下，立刻做出"现在不买更待何时"的判断，原因在于，他心中有明确的价值判断标准。

因为拥有价值判断的标准，所以他很清楚这本书虽然不值得花 20 万日元买下，但如果是 10 万日元，那就太划算了。

这个价值判断的标准因人而异。

在二手书店里标价 10 万日元的书，在另一位文学研究者眼中的价值或许不到 10 万日元，要是 5 万日元才会考虑一下。这表示，以第二位文学研究者的价值判断标准来看，这本书的价值是 5 万日元。

因为大多数的人并不了解自己判断价值的标准，因此往往被商店里商品的定价所左右。

假设现在要决定买或不买一个定价 50 万日元的名牌包，当买的人是一个没有自己价值判断标准的人时，他会想：这个包敢卖 50 万日元，一定有它的价值。最后就会接受这个由卖方定出来的价格。

事实上，在买包之前，我们应该用前面介绍过的原则二"购买价值大于价格的东西"来做判断才对。

若是用 50 万日元买到能为自己带来价值超过价格的东西，这就是一次有价值的购物；如果不是这样，则只能算是一次浪费行为。

由此可见，价值判断的标准有多重要。

如何提升价值判断力？

想提升价值判断力是有方法的。你可以试着在走进商店后先不看商品的价格，而是将"我愿意花多少钱买这个东西"的想法放入脑中。

当你心想：这个东西 3 万日元我就买了，这个价格就是你对该件商品定出的价值。接着再看一下实际的标价，如果价格不到 3 万日元，你就可以考虑把它买下来；如果超过了，那就算不买也没关系。

我认识一位喜欢古玩的女性，她有时会去古玩店里逛逛兼做市场调查。有一回她在闲逛时发现了一个自己相当喜欢的台灯。当下她心想：如果这个台灯不超过 5 万日元我就买了。

因为这是一间走高价精品路线的古玩店，她为了不让自己在看了标价后长叹"唉，果然买不起"，于是故意先略过价格，直接问店员："这个台灯可以 5 万日元卖给我吗？"

没想到，原来要价 8 万日元的台灯，就这样让她以 5 万日元的超值价格带回家了。

所以，不管卖家怎样为商品设定价格，只要你能通过这样的自我训练，用自己的价值观来为所有想购买的商品定出价格，就能提升自己的价值判断能力了。

被称为"史上最强股市投资大师"的巴菲特，也是根据自身的价值判断标准，来进行股市操盘作业的其中一人。

在巴菲特决定要购买某一只股票之前，他都会先对想投资的公司进行彻底的研究，过程中搜集到的资料，据说足以集结成一本厚厚的书。只有在搜集好资料后，他才会判断：这家公司真正的企业价值是什么？

如果这家公司在市场上的股价低于巴菲特判断的企业价值，他就会购买该公司的股票；反之，则不会出手。一旦他买了股票，就会长期持有。

虽然股票的价格容易因为诸多外力因素而上下波动，但如果把时间拉长来看，公司原来所具有的价值和它的股价终会逐渐趋于一致。

也就是说，只有真正看清一家公司价值的投资者，才有可能在难以捉摸的股票市场中取得成功。巴菲特正是因为具有这项优秀特质，所以才成就了自己莫大的财富。

巴菲特19岁的时候读了本杰明·格雷厄姆（Benjamin Graham）的经典之作《聪明的投资者》（The Intelligent Investor）。从这本书里，他学到了用40美分买到价值1美元东西的哲学。

于是他获得了"找出具有1美元价值的企业，在它的价格还是40美分时买下"的能力。只要能买到这种公司的股票，肯定能获得丰厚的回报。

而这样做的前提是，你必须先拥有足以判断出这家公司确实具有 1 美元价值的能力才行。

由于大多数的股票投资者没有这种判断能力，他们总是在股票已经开始涨的时候买进，开始下跌的时候卖出，只会跟随股市的上下波动起舞。

如果你想在金钱上取得成功，价值判断力是不可或缺的能力。

投资 2000 元，换得 2000 万元报酬

对我来说，把钱花在买书这件事情上，是我通过自身的价值判断标准衡量后得出的最好的再投资方式。

不论在大型书店还是网络书店，你都可以找到古往今来、种类齐全的书籍。

虽然在原则一中我这样写道：买经验比买东西更重要，但在这个世界上，没有一样东西比书本这个商品更能让人获得学习经验。

而且用来购书的投资，还是 CP 值（Cost-Performance Ratio，或称性价比）最高的一种。我曾在学生时代买下了《影响力》（ *Influence: Science and Practice* ），在日本这本书的价格目

前为 3000 日元左右。我还记得当时买下它，售价只在 2000 日元上下。

我从这本书里学到的知识，通过实践应用后获得的收益早已经难以估量了。如果换算为金钱，至少也翻了 1 万倍。由此你便能发现，一本书的售价和它产出的价值之间，可以有如此巨大的差异。

如果你真心想在喜欢和擅长的事物上下功夫，那么请你一定要认真地去挑选几本书，并在熟读它之后加以实践。只要你愿意这么做，一定可以和我一样，从一本书中获得难以估量的收获。

从书本中汲取知识，然后在实践的过程中获取经验，这是谁也无法从你身上夺走、会永远留在自己脑海中的东西。

书本就是要多读多用才能提高它的价值，待时机成熟，它一定可以成为你发达路上的助力。

装进脑袋里和吃进肚里的东西，都是别人拿不走的。所以，把钱花在书本上，是真正零风险、高报酬的最佳投资。

▼ *POINT*

■ 在提升自己的判断价值标准上花钱。

■ 进店后先别急着看商品的标价，随时问自己：我愿意花多少钱买这个东西？

专栏
金钱换位思考，避免无谓浪费

如果想要减少日常生活中的浪费，我向大家推荐一个每天都在实践的方法，那就是活用兴趣来进行换位思考。

假设你现在正拖着疲惫的身体走在路上，真想立刻叫一辆出租车来代步。可是当你准备叫车时突然想到，东京出租车的起步价为 730 日元——如果将这 730 日元车资换成兴趣会如何呢？

因为我的兴趣是读书，所以就把书本当成替换的标准。一本岩波文库[1]的书在价格上差不多也为 730 日元。如果用来搭乘出租车，约为跳表一次，不到 5 分钟车程的距离。

若用这笔钱买一本岩波文库的书，然后漫步回家，不但可以把走路当成提神醒脑的方式，还可以通过阅读增长知识。

就算你的兴趣是打高尔夫或滑雪，这类费用远高于出租车跳表一次价格的活动，只要你多忍耐几次叫出租车的冲动，省下来的钱不就可以去打一场高尔夫或滑一场雪了吗？

1　译注：岩波文库是岩波茂雄经过长期的调查研究和筹划之后，于 1927 年一举推出的，是日本最初的文库本之一。效仿德国雷克拉姆出版社的出版品，希望能以低廉价格促进书籍流通，让更多人享受阅读的乐趣。

下一次，当你要花钱时，请先想一想自己喜欢的事物，你会惊奇地发现，只是多这么一道缓冲关卡，就能有效减少浪费发生。

同样的思考方法也适用于时间利用。假设你现在有一段 30 分钟的空当，如果你不想在恍神中虚度光阴，可以试着将它置换为因兴趣而用的时间。如此一来，就能取得抑制浪费的效果。

虽然生活中有时也需要给自己一点留白时间，但只要我一想到 30 分钟可以多看好几页书，自然会选择阅读。

学会将金钱与时间，和自身兴趣或与它相关的活动来作换位思考，相信你也能在日常生活中，逐渐减少浪费的发生。

把钱花在别人身上

第四个原则是**把钱花在别人身上**。

当你已经赚到了一笔钱，接下来要追求的，就是幸福了。究竟什么才是提高幸福指数的最佳方法呢？从心理学的角度来看，把钱花在**利他**的事情上，不失为一个好方法。

正如前面章节提到的——心理学家从监测大脑反应的实验中得知，从账户里的 100 美元中拿出一部分捐赠给穷人时，大脑的尾状核和伏隔核都会产生反应。

就算是以征税这种强制征收的方法捐赠出去，也能有尾状核和伏隔核更加活跃的现象发生。如果是自愿捐赠，活跃的反应就更明显了。

尾状核和伏隔核是一组犒赏系统（Reward System），当人们感到快乐时，这个部位会发生活性化。但若这个喜悦感受并非发自内心，就不会有任何反应。

换句话说，当人们愿意把钱花在其他人身上时，可以感受到发自内心的快乐。当幸福指数增加了，心情也会好起来，促使我们将更多精力投入自己的兴趣上。

但是，当你想要给对方什么时，具体来说，是要给谁，又要给什么东西呢？

首先，来回答"给谁"这个问题，答案是你认识的所有人。把钱花在其他人身上不仅能为你带来幸福感，互惠原理也会发生作用，只要你愿意付出，身边的人也同样会成为愿意为你付出的人。

因此，为他人花钱其实也是一种投资，它能在你将兴趣进行收益化时，为你创造出许多机会。

互利者多虑，机会最易溜走

宾夕法尼亚大学（University of Pennsylvania）组织心理学家亚当·格兰特（Adam Grant）在著作《沃顿商学院最受欢迎的成功课》（*Give and Take*）中，为我们介绍了许多实例。书中格兰特将为他人花钱的人称为**给予者**（Givers），他认为这些人在社会上能取得最大的成功。

格兰特将人分为**给予者、索取者**（Takers）**和互利者**（Matchers）三种类型，并加以分析。

给予者会注意对方想要得到什么，并在给予的过程中尽心尽力。相反地，索取者行动时优先考虑的是自己能不能从中获利。而互利者，则是在给予和接受之间寻求平衡。

换句话说，给予者是专注付出的人；索取者是专注攫取的人；互利者则是专注交换的人。

格兰特指出，在三种类型的人之中，能在事业和经济两方面都得到巨大成功的是给予者。相较于只想着如何获取自身利益的索取者，最后能得到巨大利益的人，还是给予者。

为什么给予者会成功呢?

因为索取者身边的人都防着他，担心"这个人不知道又在盘算什么，该不会在想一些损人利己的事吧"，所以索取者很难得到旁人的帮助，因此离成功的目标就越来越远了。

而互利者所想的事情是如何收回自己为其他人的付出，所以他们经常在脑海中敲着算盘：这个人真的会把我为他付出的那部分还给我吗? 这种行为让互利者无法及时采取行动，结果机会就白白溜走了，因此他无法抢得先机。

与这两者相比，给予者由于把对方的事情放在了第一位，互惠原理的作用使他能在许多事情上拔得头筹。再加上给予者在花钱时，会站在对方的角度，经过一番深思熟虑后才出手，因此接受的人都会觉得很暖心。

如此一来，不论于公于私，给予者能得到更多人的帮助，所以更容易在社会上取得成功。

格兰特在《沃顿商学院最受欢迎的成功课》一书中所讲述的内容，正好支持了第四个原则所衍生出来的想法——把钱花在其他人身上，就能产生远超过金钱本身的价值，而且最后，它们还会回到自己身上。

共享放大利益的顶层给予者

这里有一点需要提醒你。

虽然格兰特指出，站在社会上层的成功人士中有许多是给予者，但在另一方面，处于社会最底层的人，几乎也都是给予者；索取者和互利者则大多处在中间的位置。这是因为，在给予者之中，还分为顶层给予者和底层给予者两个极端。也就是说，如果单纯只是一位愿意把钱花在他人身上的给予者，并不能保证一定可以在社会上取得成功。

那么，顶层给予者和底层给予者之间，到底有什么不同呢？

其差别之处在于，身为一名给予者，在为他人付出时他们给予的方式有所不同。

底层给予者经常是为了他人的利益作奋斗，最后反而牺牲了自己利益。假设在有 100 分利益可得的情况下，底层给予者

会只给自己留下 10 分，将剩余的 90 分都给了其他人——这样
的人正好是贪得无厌的索取者最喜欢利用的对象。

顶层给予者则专注于如何把全体的"饼"给做大。他和一
起工作的伙伴们绞尽脑汁、同心协力，努力将原本只有 100 分
的利益，扩大为 200 分甚至 300 分。

假如顶层给予者最后获得了 1000 分利益的成就，就算只取
其中的 10%，他依然能获得 100 分的利益。然后将扩大的利益
拿出来与每一位共同打拼的伙伴分享，使每个人都能得到幸福。

因此，当我们为他人花钱时，别忘了活用自己的兴趣，把
收益的"饼"做大，增加能够分得的部分。

另外，顶层给予者在自己遇到困难、需要他人帮忙时，向
他人求助的方法也很高明。

同样的情况，换作是索取者或互利者，心里就会想：请别
人来为我帮忙，不是会欠下人情债吗？

顶层给予者却不这么认为，他们会诚恳地去求助他人说：
"我想请你助我一臂之力，或许我们可以共同完成些事情。"然
后通过群策群力，共同思考如何提高收益。顶层给予者将自己
遇到的困难，变成与伙伴共同解决问题的机会。

这么做不但让他得到更多人的帮助，而且实际上还增加了
自己圆满解决问题的可能性。

什么是罗森塔尔效应?

顶层给予者通常还有以下几个特质。

首先，顶层给予者会**一视同仁地重视强连带或弱连带。**

亲人、伴侣、好朋友等，属于强连带里的人，在我们陷入困境时，往往愿意在精神和物质层面上提供帮助，成为我们的救命稻草。同时，这些强连带里的人也是我们在高兴时，可以跟他们敞开心胸分享喜悦的一群人。

但这群在强连带里的人，因为大多数和我们生活的环境差不多，再想从他们那里得到新的收益化机会，或带来未知的新信息，并将我们的兴趣和创新产生联结，是相当困难的一件事。

在这一点上，就突显出我们和弱连带之间关系的重要性了。

顶层给予者对于建立和维持弱连带关系也很有一套。在他们之中有不少人拥有立刻记住初识之人名字和长相特征的能力。我们要向顶层给予者学习的是他们不但能利用兴趣为他人做出贡献，争取到收益化机会；而且不只是对强连带，他们在面对弱连带时，也会相当重视，并且还会多方满足他人的需求。

其次，顶层给予者还能从对方身上发现可能性，并将它加以活用。一般来说，我们可以看到社会上被称为优秀教师或教练的这些人，都具备了顶层给予者的特质。

即便是年纪轻轻就被称为天才的钢琴家，也不可能在学琴之初，就知道自己是个天才。

只有具备给予者特质的老师，才能从一开始就发现这个学生的可能性，认定这个孩子挺有天赋的，只要正确指导并加强练习，假以时日可成大器。正因为这样的培养，才有可能成就一位天才钢琴家。

如果老师对孩子有所期待，孩子也会注意到老师对自己的器重，于是努力才能开花结果。这种情形就称为**罗森塔尔效应**（Rosenthal effect）。在具有给予者特质的老师身上，比较容易出现这种效应。

能遇到给予者特质的老师，真的相当幸运。

擅长找出对方潜能的给予者，在商场上也会投资那些尚在成长中的公司或企业，买下它们还未上市的股票。因为给予者从其中嗅到了未来的可能性，所以希望通过自己的援助，帮助这些公司或企业茁壮成长。

虽然投资这些股票还未公开上市的公司或企业并不容易，但一旦它们成功上市了，就能从中得到巨额的收益。

与此相反，索取者只会去买那些已经公开上市，而且势头正旺的公司或企业的股票。

如果拿足球队或棒球队来作比喻的话，给予者会栽培默默无名的选手，让他成为球场上的明日之星；索取者则会砸下重金，收揽那些已经成名的明星选手。

只要这样做，就能创造双赢

顶层给予者相信每个人身上所拥有的可能性，他在将大家纳入连带关系的同时，也让每个人的潜能得到最大发挥。

一个团体中，不应该同时存在着赢家和输家，而应该以打造双赢（Win-Win）的状态为目标——给予者在这件事情上，尤其不会有所减省。

正因为如此，人们才愿意去帮助给予者，而且物以类聚，人以群分，给予者身边的人往往也都是给予者。

如果你希望活用自身兴趣在社会上取得成功，首先你必须让自己成为一名给予者。

还有一件重要的事情，去认识其他的给予者，并与他们一起工作。如果与索取者待在一起，想要打造双赢的关系，将是非常困难的事。

如果想要判断一起工作的人是给予者还是索取者，就必须对他在日常生活中的行为和态度，进行仔细的观察。

索取者喜欢的东西是财富、权力和地位，换句话说，就是那些能为自己带来利益和胜利的事物。给予者喜欢的则是被人信赖和帮助他人。他们会思索能为这个社会或团队做点什么。

看完上面的叙述，相信你应该已经了解，给予者和索取者在兴趣与志向上的确是大相径庭的。读到这里，在你的脑海中是不是已经浮出"我们主管是给予者""和我同期进公司的那个家伙，应该是索取者无误"……这些具体的面孔了呢？

如果你已经具备了良好的识人能力，就应该避开索取者，尽可能不要与他共事。

究竟该怎么做才能成为一名顶层给予者？

能不能成为给予者的关键，其实不在于心，而在于**行动**。去像给予者一样行动吧，只要动起来就对了。

具体来说，你可以试着去实践下面这几项内容。

- 对强连带和弱连带一视同仁，试着为更多人付出。
- 相信每个人拥有的可能性，试着找出他人的潜在能力。
- 和更多人建立连带关系，将成果最大化。
- 以打造一个众人都能有福同享、互惠双赢的状态为目标。

不用说，为其他人花钱是成为给予者不可或缺的条件之一。在成为一名给予者之后，接下来执行第五个原则，将易如反掌。

POINT

- 钱除了花在自己身上，更重要的是拿去为认识的所有人使用。

- 模仿给予者的行为，让自己也成为一名给予者。

把钱拿来打造一个值得信赖的团队

第五个原则是**把钱拿来打造一个值得信赖的团队**。

想将兴趣当成有收入的工作，大致上有两种选择。

第一种选择是**独立创业**。例如通过提高原本就是兴趣的长跑能力，成为精英级马拉松选手，然后将自己的跑步经验和理论、建议事项在个人博客上公开。如果能受到各方好评，写书、演讲、开讲座等工作就会自动来找你。

在这时离开原本服务的公司自行创业，便是我们最常见的将兴趣当工作的案例。

每个人擅长的领域都不同，有擅长跑步的，有精通外语的，有熟悉古玩的，当然也有强项在于心理咨询或投资房地产的人。只要有为他人服务的一技在身，通过宣传并对社会做出实际贡献，就能找到收益化的机会，这是放在任何工作领域皆准的道理。

第二种选择是继续留在公司里任职，**将自身兴趣和工作联结**。

举例来说，如果一位擅长跑步的人，在策划体育活动的公司、知名运动用品公司或健身房上班，相较于其他人，就比较容易将兴趣和工作联结。

另外还有一种方法是，在工作上活用你从兴趣里获得的知识、信息、技术和人际网络等，并借此向公司提出投入新型事业的建议。

不论选择哪一种做法，它们都有共通之处——若想将兴趣当成工作，并持续下去，就必须建立工作团队。

与不同类型的人组队，让路越走越宽

选择走独立创业这条路的人，往往会遇到需要增加工作伙伴的情形。当你开始经营一家公司，肯定会遇到许多你做不到、讨厌的和不擅长的事务。

这时候，你就需要有人帮忙处理这些你不喜欢和不擅长的事情。此时最重要的，就是选择一些和自己拥有不同能力的人加入团队。其中最合适的人选，莫过于喜欢做你认为棘手的事，或擅长做你所不擅长事务的人。**如果只想找意气相投的朋友，是不行的。**

朋友中和我属于同一种类型的人有很多，他们大多喜欢阅读，和他们在一起聊天的时间总是过得特别快。尽管如此，我也不曾想过和他们有工作上的合作，更不会请他们来帮忙。

在我经营的公司里，员工大多是和我属于不同类型的人。我的公司没有固定的办公室，采用的是弹性工作制，没有设定员工必须上班的核心上班时间（Core Time），他们可以在喜欢的地点和时间做自己想做的事，和一般的公司体制很不一样。

想打造强大团队，酬劳就要给得大方

在薪资上，我付给他们的酬劳也远高于一般的公司和企业。如果你问我，为什么愿意这么做？因为我的员工所擅长的事情，几乎是我不会的。

例如我对于去不同的地方露脸、和他人建立新关系，以及争取工作机会等事宜不太擅长。但在我的公司里，有些工作人员就很擅长做企业咨询与安排演讲，做这些事情时他们一点也不以为苦，反而能乐在其中，帮我签下有利的合作条件。正因为有他们，我才能接到这么多有意思的工作。

反之，有些员工办不到的事情我却得心应手。

换句话说，不仅每个员工能发挥各自的专长，还能彼此帮助，圆满地完成工作。我认为这就是一个团队能够稳定运作的原因。

要想打造这样的团队，就一定要将自身兴趣以及擅长的事，对身边的每个人作宣传。

如此一来，那些拥有共同喜好和想做之事的人，就会聚集到你的身边。其中肯定有些人拥有你所没有的能力，而他们恰恰就是你渴望纳入工作团队里的人。

对于这些人，你的工资必须给得大方。只有这么做，当你将兴趣转换为工作时，才能找到愿意在背后支持你的人。

建立一支人少质精的工作团队，是将自身兴趣当成工作，持续下去的基础。

POINT

- 当你将喜欢的事务当成工作之后，为着眼于长期发展，需要打造一个工作团队。
- 选择和自己拥有不同能力的人一起工作。
- 想要伙伴给力，薪水要大方地给。

为了减少麻烦事，花钱买时间

第六个原则是**为了减少麻烦事，花钱买时间**。这个原则是以珍惜时间为基础。

为了追求喜欢和擅长的事物，我们需要有一段完整的时间。虽然在一天 24 小时之内每个人能赚到的钱在金额上并不一样，但一天 24 小时对所有人来说，是不变的条件。

就像大伙一起去喝酒时，总是有些人会变成其他人的心情垃圾桶。被当成心情垃圾桶者和朋友去畅饮一次的平均花费是 5000 日元，若所花费的时间为 3 小时，他所支付的成本就是 5000 日元、3 小时。

如果用这 3 小时和 5000 日元，来增进自己喜欢和擅长的事物，你知道能产生多大的效益吗？

和那些爱发牢骚又爱聊天的朋友去喝酒，损失的不只是金钱，还有宝贵的时间成本。工作越忙碌且赚钱能力越强的人，就越会珍惜时间，因为这些人懂得时间的价值。

他们知道，如果把时间用在没有意义的事情上，这段时间终将难以弥补。这就是他们和一般人不同的**时间成本意识**。

如果你正在构思如何以兴趣为轴心来转动金钱螺旋，就必须有**时间比金钱更加重要**的认知才行。然后进行再投资时，请记得在你所能使用的时间内，抽出 20%，用在自己的兴趣上。

这就是以 80/20 法则[1]为基础的思考方式。这个法则里提到，在一家企业里，工作能力强的前 20% 员工，能创造企业整体利益中的 80%。这个法则也能应用在个人工作上。在整体工作内容中，重要性前 20% 的项目往往占了整体工作成果的 80%。

因此，如果我们能够将 20% 的时间，完整地保留并再投资给自己的兴趣，就可以期待得到一个丰盛的成果。

活用 20% 时间，对兴趣再投资

话虽如此，当我们试着去实践，把 20% 的时间投入自己真正感兴趣的事务上时，就会发现执行起来并不容易。

假设你一天的睡眠时间为 8 小时，剩下的活动时间为 16 小时。

16 小时中的 20% 为 3 小时 12 分钟。若要在每天上班工作

1　译注：帕累托法则（Pareto Principle）。此概念源自意大利经济学家帕累托，他发现在整体经济中，大部分的成果是由构成全体中的一小部分人所创造出来的。

的同时，为自己保留 3 小时 12 分钟，来从事兴趣，这并非一件容易的事。

毕竟人们的日常生活除了工作之外，还有吃饭、打扫房间、洗衣服等杂事，也需要和家人、恋人、友人进行沟通交流，当然有时也要娱乐一下，出去喝一杯或到郊外踏青，做这些事情都需要花时间。

如果我们花费大量的时间在这些事情上，将很难去实践"把整体时间中的 20%，投入自身兴趣"这个目标中。

为了将 20% 时间，用在对兴趣进行再投资上，就必须要极力削减上述活动以外所浪费掉的时间。

不想做却得做，怎么办？

具体来说，该怎么做呢？首先，我们可以将一天的事大致分为不做也可以的事、虽然必须做但不想做的事、想做的事三个部分。当然兴趣包含在想做的事中。

这三个部分中，最先要减少的是不做也可以的事。

如果先来对生活现状做个调查，应该有不少人把大量的时间花在了不做也可以的事上。例如被朋友拉去参加既无趣又没有任何收获的聚会，就是最典型的例子。另外还有漫无目的地刷手机或看电视等，都算不做也可以的事。

如果我们能减少那些混迹在日常生活中，造成我们浪费时间的坏习惯，就能将节省下来的时间，用于兴趣的再投资。

因此，在你要做某件事情之前，请先试着问问自己：这件事真的非做不可吗？是不是不做也没有关系呢？如果你得到的答案是不做也没有关系，就算是需要花钱来解决，也要果断地拿出钱来。

减少不做也没关系的事之后，接着就是必须做但不想做的事。既然是必须做的事，就表示我们没有回避、不去处理它的理由。

对于这类事项，**该如何尽早解决**才是关键。

例如煮饭、扫地、洗衣服等，这些对大多数人来说都是"虽然必须做但不想做的事"，你可找家政服务人员来处理。如果对整理账单或制作单据等不擅长，也可以委托外包来解决。

对于这方面的支出请不要太小气，因为这些都是需要处理的事，放着不去完成它，只会让自己心中一直压着一块大石，觉得不快活，这样反而会让你无法将精神和时间集中在想做的事上。因此，如何在最短的时间内解决需要处理的事？请动动你聪明的脑袋，找出一个最有效率的方法吧。

我们的最终目标，是将"虽然必须做但不想做的事"变成

"不做也可以的事"。

在一天 24 小时里，你真的有办法将活动时间的 20% 投入喜欢的事务上吗？该怎么做才能增加从事兴趣的时间呢？这些都是需要你好好确认、分析和改善的事情。

POINT

■ 要有时间比钱更重要的认知。

■ 在所能够使用的时间中，抽出 20% 投入自己最喜欢的事务上。

■ 将"虽然必须做但不想做的事"变成"不做也可以的事"。

把钱投入能让力量最大化的组合中

第七个原则是**把钱投入能让力量最大化的组合中**。

具体来说，就是要对你第二喜欢和擅长的事务做再投资，并将它和你的主力特长做结合，使之发挥出双倍以上的力量。

就拿喜欢英语的人来说，如果我们将钱集中投资在学习英语上，增进了相关知识和技能后，就可以到补习班去教授英语。这就是将兴趣和工作联结最容易明白的案例。

然而，一旦满足于这个阶段，停止再投资，你就无法开拓更宽广的世界。

如果你想投入的领域是许多人正在努力的目标，或已经有许多高手存在，那么，势必就得面对激烈的竞争。

当僧多粥少时，市场就会发生削价竞争的情形。也就是说，想要收回已经投资出去的金钱和时间，会变得比较困难。

当然，如果你在自己喜欢和擅长的领域里留下了傲人的成绩，想获得高收入并非遥不可及，不过你还是要有跳进红海[1]里，

1　译注：红海（Red Ocean），意指价格竞争激烈的既有市场。

和其他竞争对手厮杀的心理准备。

相较于红海，蓝海[1]中的竞争对手较少，往蓝海中发展是比较明智的做法。把他人还没做过或尚未注意到的事情当成自己的工作，正是通往蓝海的快捷方式。

换句话说，就是**去创造自己的工作**。

让我们来想想，在喜欢英语上加点什么，能成为大家还没有做过的事呢？最直接的方法是，去学习和技术相关的英文，培养自己成为特定专业领域中的笔译或口译专家，建立起自己的招牌。

或者还可以去学习一种较为冷门的语言，让自己成为可以使用多种语言的人，这就是刻意投入较小市场，以更突显自己的存在的策略。

活用科学基础，成为唯一心理分析师

潜能开发大师厄尔·南丁格尔（Earl Nightingale）曾说过："做和别人相同的事情，不会获得成功。"

我总自称是一位心理分析师，其实这个职业也是我自己创

---

1 译注：蓝海（Blue Ocean），指尚未开拓的新兴市场。

造出来的。

严格说来，在海外其实已有不少自称是心理分析师的人。以美国的心理分析师来说，他们通常是利用话术或伎俩，来猜中观众手中扑克牌的数字，这种表演至今仍是主流模式。因此美国的心理分析师又被称为心灵魔术师，属于魔术师的范围。

另外，欧洲的心理分析师则大多喜欢在表演中广泛使用心灵（Spiritual）的元素。

在构思自己想呈现什么表演，并考虑日本特有的风土民情后，我放弃了追随美国或欧洲任何一方。我从一出道就昭告世人，我的演出展现的并不是魔术、灵能力或超能力，而是综合了心理学等多种科学知识的表演。

目前我仍然使用和心理学相关的科学知识来拓展我的事业版图，并且通过把这些知识应用在商场等不同的领域。

像我这种类型的心理分析师，就算放眼全世界，或许也找不出第二个来。

独一无二，就不怕竞价

独一无二的特殊性，让我免于卷入和其他人的削价竞争中。

每当有人找我做咨询或演讲时，我都会开出颇为强硬的条件，尽管如此，在大多数的情况下，对方依然会照单全收。

为什么我做得到呢？因为对方知道没有其他心理分析师可以取代我，所以他们只能来找我——最近还有了来自国外的邀约。

如果在日本出现了和我相同类型的心理分析师，邀请我的人可能就会对我说："心理分析师 A 都接受这样的报酬，DaiGo 先生不能把价位再降低一点吗？"

如此一来，我就有可能陷入和他人的价格竞争之中。

既然你已经有把兴趣和工作结合的打算了，不妨找一个大家还没做过的事情将之设为目标，让它成为自己的工作，这不是更有意思吗？

在此，我要举一个在核能发电业很有名的日本人的例子。

虽然这个人很年轻，才 30 多岁，但经他手的技术开发案件很多，在业界早已树立了不可动摇的地位。他是怎么做到的呢？关键在于他拥有 MBA（工商管理硕士）和核能研究相关的两种学位。

懂得专业技术又拥有经营概念的人才其实非常稀少，所以同时掌握这两种看似毫无关联的能力，是他最后飞黄腾达的关键。

我希望你也能理解，目前社会上已经存在的工作，不是你应该要追求的唯一工作。唯有适当组合两种兴趣，才有可能创造出新的工作。

读到这里，或许在某些读者的心中始终持有这样的疑问：虽然我也想将兴趣和工作联结，但自己擅长的事都在个人喜好的范围，世界上或许没有能将它加以活用的工作吧？

既然如此，我们就从现有的工作里，找出可以将自己擅长的事直接当成职业的工作吧。而且，你没有必要非得从当下既存的事物里去发现它。

事实上，以你的兴趣为收入手段的工作，出现的可能性非常低。这个世界上可没有这么便宜的事，既然没有才是常态，就干脆自己来创造吧。唯有如此，才能让你有效利用再投资的资金，并获得更大的利益。

了解自身强项，规划最强生存战略

能全身心投入自身兴趣，也可以进入心流状态，但却无法将它和工作结合，这种情形十分令人可惜。一般说来，无论是谁都希望两者能够相互结合。

对我来说，读书获得知识的时间是最快乐的，除了睡觉、和猫玩耍、到健身房锻炼身体之外，我想将生活中所有的时间，都用在汲取知识上。

但是，如果我的工作和汲取、活用知识之间没有任何关联，宝贵的时间就必须分配给工作。每天都要将大好光阴耗在工作上，这简直就像是在凌迟我。

其实，过去我忙于电视台演出时，就曾经陷入这种惨况。

"我好想保有读书的时间。真希望自己能从事和汲取、活用知识相关的工作。"日子一天天过去，这个想法在我心里不断加强，迫使我不得不好好思考，该怎么做才能实现自己的愿望。

在思考的过程中，我开始在 Niconico 动画网站上主持节目。这个工作的契机源自多玩国（DWANGO）[1] 的大野先生，他当时来询问我开设节目的意愿。假设我没有认真思考过，如何将喜欢的知识活用在工作上，相信也就无法做出进入频道排行榜前30 名的节目了。

正因为清楚知道自己喜欢的是什么，才有可能抓住偶然找上门的机会。

你如果也能找到自己真正喜欢的事物，就会发现——哪怕只能延长一秒钟也好，你就是不想离开它。到了这种程度，你将很难再去从事普通的工作。你肯定会认真地考虑：一定要

1　译注：日本的信息科技企业，是 Niconico 动画的母公司。

找出办法，将自己喜欢的事物和工作结合起来，并且认真找出执行的方法。而这个过程中的努力，必定会为你开辟出一条新的路。

于是最后一个问题，便是你是否做好心理建设了？

我想强调的是，只靠精神力量就想找到或创造出能将兴趣收益化的工作，是不可能的事。

特别是当你想要创造出目前社会上还不存在的工作时，你需要做的其实和企业投入新事业、新领域时，所要做的前期调查并无二致——都需要分析**自己的强项、市场的状况和存在的竞争对手。**

首先，我们要掌握自己在兴趣上到底有多少能力。接着要思考，该如何活用这项能力，才能对别人有所帮助，而且确实能解决某些人的问题。

其次，社会上如果已经出现了和你所构想出的相同的商业模式，而且存在着竞争对手，你就要从和对手不同的路径去思考，怎样的工作方法才能最大限度地活用自己的能力。

从我个人的角度来思考，需要心理学和行动经济学相关知识的市场，有一定人口数量存在，至于是哪个行业、哪些公司或企业，则需要我进一步深入探索。

如果符合这种情况，就算对方对我说："敝公司真的很想请你来当咨询顾问，但我们实在拿不出符合你行情的价格。"我一定会告诉他："等到做出成绩了再付给我也不迟。"

另外，我认为需要知识建议的不仅仅是公司或企业，一定也有个人客户。对于个人客户的知识需求者，当我思考什么样的传递形式对他们而言最适合的时候，浮现在脑海中的答案就是 Niconico 频道。

从我的例子你可以知道，为了把自身兴趣和能将之收益化的工作做联结，学习关于经营策略和市场的基础知识也十分重要。

这些知识不只是公司或企业在拟定经营策略时需要，对于规划个人生存战略时，也会有相当的作用。

POINT

- 想一想，在兴趣上加点什么，可以创造出还没有人做的工作。
- 认清自己在兴趣上有多少能力。
- 思考该如何活用自己的能力，以有益于社会大众。

一个问题，看你能否获得高收入

将来有没有机会成为有钱人，与你能否精准预测 10 年、20 年后的未来，以及有无长期视野息息相关。

例如下面这个问题，你会怎么回答呢？

餐厅里有一名叫阿乔的男性正在边喝咖啡边想事情，他所想的是关于未来的事。他具体在想什么呢？请把你认为的内容描述出来。

这是在关于长期视野的心理学实验中，用来询问受试者的一道问题。

"刚才帮我端咖啡过来的服务生长得好可爱""等一下要开会了，好烦啊""今天晚餐要吃什么呢"……如果你的脑海中不假思索地出现了上面这些答案，那事情就不太妙了。

实验结果显示，收入较低的人面对这类问题时容易答出"阿乔正在等和他约好要碰面的人"这种过不久就会发生的事情。

与之相反，收入较高的人则会考虑 5 年、10 年以后的事，他们的答案大概都是"阿乔在想几年后的事"。

也就是说，是否拥有长期视野，与将来能不能获得高收入，两者之间有着密切的关系。

　　曾经有个女生问我："怎样才能在一堆男生之中发现'潜力股'呢？"我的回答是："请他们来回答这道题吧！"

　　进入社会、变成大人之后，培养长期视野、让自己有一个明确的长远目标是很重要的。

　　如果有个人将"为了完成先进入社会、再去美国留学的梦想，两年内我还需要赚到 200 万日元"作为自己的目标，他肯定不会去做其他浪费时间和金钱的事。

　　拥有长远目标的人，不会因受到眼前事物的影响而做出冲动的行为。因此，请你也开始试着利用自身兴趣，建立起自己的长远目标吧！

后记 **启动金钱螺旋，花钱越多越有钱**

"勤勉和节俭，这两个词已经为我们概括了取得财富时需要的一切。"

"省下一分钱和赚到一分钱是相同的。"

"使用一分钱就是，去得到一分钱的愉悦。"

——《本杰明·富兰克林价值百万美元的点子》

上面这些句子，每句都是出自 100 美元纸钞上的肖像人物——本杰明·富兰克林的名言。

富兰克林是美国政治家、物理学家，他整合了自己能够获得成功的思考方式，将其浓缩为 13 条美德，并做出以下论述。

节俭：钱要花在对他人或自己有意义的事情上，不要浪费。

勤勉：珍惜时间，做有意义的事，不在没有必要的事情上下功夫。

富兰克林的思考方式，其实也浓缩了本书希望传达的重点——认真投入自己喜欢的事物（勤勉）、把钱花在自己喜欢的事物和他人身上（节俭）。

这两个词的含义已经概括了，你该如何赚取所需要且足够的财富。如果真能去实践这两个词的内容，不但可以转动金钱螺旋，还能在金钱和幸福之间取得平衡。

另外，富兰克林也曾提示过：通过花钱，才能让拥有钱产生意义。换句话说，就是要我们重视花钱时所能得到的喜悦。

能够创造财富的人并非不花钱，而是深知节俭的必要，并且会思考自己能从花钱的过程中获得什么，在生活中彻底地实践选择与集中。

在兴趣上花钱绝不手软，而且还要对其进行再投资，如此一来便能够强化赚钱的能力，让你所期待的报酬源源不绝地流进你的账户。

相反地，如果你只靠这里忍耐一下、那边节省一点，挤出薪水中的一小部分存起来，是不可能拥有你所期待的财富的。

如果不断地压抑自身欲望，过着省吃俭用的生活，迟早有一天会发生埃米尔·库埃（Emile Coue）所提出的转换努力法则，反而会变相增加犒赏自己等无谓的消费行为。

为了终止这种负面螺旋，我们必须要清楚知道，在自己的兴趣中，有哪些是真的想要的东西。当你下次又对什么产生想要的冲动时，只要拿它和真正渴望的东西相比，那股冲动就会平静下来。

记下三件事，重新发现自己的兴趣

如果你很喜欢国外的小商品和珠宝饰品，想要从事将这些商品进口到国内贩卖的工作，为了让自己做起事来更有干劲，倒是可以买一些能够激起斗志的东西。

此刻最重要的是决定何时购买（时间）以及花多少钱买（价格）。假设你决定明年要去自己很欣赏的一位外国艺术家的祖国去拜访，并想要在当地花30万日元买下由他创作的珠宝饰品。一旦你下定此决心，之后就算偶然在街上遇到喜欢的东西，也不会发生因一时冲动而购买的事情。

这种决定自己想要什么的做法，可以帮助那些"面对喜欢的事物会犹豫不决，难以聚焦目标"的人一臂之力。

做法很简单，先准备几张纸，并在纸上写下对你来说人生中绝对需要的三样东西。这三样必须是不可或缺、极度需要，以及少了它们就会浑身没劲的东西才行。接着，请你为它们排出优先顺序。最后，你还要有无论在这三样东西上花费多少钱也在所不惜的想法。

上面提到的东西未必都是具体的物，若是想做的事也可以。三样都写完后，你就可以仔细研究以下问题：要实现或得到它们需要多少预算？计划该如何拟订？请将答案明确地写在纸上。

我相信在这三项中，一定包含着你的兴趣。

顺带一提，若你已经绞尽了脑汁，依然写不出这三件东西或事情，表示你还处于不知道什么才是自己所需要的事物的状态。如果总是这样过生活，就好像走进店里，买下价格都还没弄清楚的商品一样。

如果你刚好身处这种状态，请回到本书开头所提到的你想做什么、你喜欢什么事情这两个问题上，再好好思考一下。

当然，你所选择的这三件东西或事情，在经过了磨炼之后，一定会有所改变。这种改变将伴随着你的成长，同时是周围环境不断在发生变化的证据。

完成金钱螺旋，财富就像空气无所不在

一旦启动金钱螺旋，并开始运转后，对你来说金钱就会像空气般存在。

如果真能如此，你也无须再去操心了，肯定会有充裕的资金在手里流转。请注意我的意思并不是说钱会像打开水龙头就有水流出来一样多。你要追求的绝非泡沫经济式的资金快速流动，而是当你了解花钱及赚钱的方法，并在能力上和希望获得的收入水平达成一致时，你便不会再对金钱抱着强烈的执念。

能够走到这一步，就表示你再也不用追着钱跑了，因为没有人会去追求那如自然状态般存在于身边的事物。如同我们不曾宣称"从这里到那里的空气是属于我的"一样，当你已经安处于这样知足的状态，就可以从"身上没钱，将来的生活真令人担心""得不到自己想要和需要的东西，这不是有点惨吗""不懂如何花钱，银行账户空空如也""都10年了，薪水一点涨幅也没有"等这些金钱烦恼里得到解放。

不仅如此，你还能从每天写记账簿和花费时间、精力去想如何管理金钱的桎梏中重获自由。也就是说，从此你可以用平静的心情，来过每一天的生活。

当你转动了属于自己的金钱螺旋，在金钱和幸福之间取得平衡之后，就可以将远比金钱更宝贵的时间，花在自己真正喜欢的事情上了。

最后我由衷地希望，本书的内容可以帮助各位读者过上不再为金钱烦恼的人生。

大吾（DaiGo）